CHEMINS DE FER A TRACTION DE CHEVAL

DITS

CHEMINS AMÉRICAINS

CHEMINS DE FER A TRACTION DE CHEVAL

DITS

CHEMINS AMÉRICAINS

CONSIDÉRATIONS

EN FAVEUR DE LEUR APPLICATION GÉNÉRALE EN FRANCE

SUR LES ROUTES, DANS LES GRANDES VILLES ET LEURS FAUBOURGS

PAR

W. JONES VALENTINE

Président des Commissaires américains lors de l'Exposition universelle de 1855,
chevalier de la Légion d'honneur.

PARIS

IMPRIMERIE DE L. TINTERLIN ET Cᵉ

RUE NEUVE-DES-BONS-ENFANTS, 3

1860

AVANT-PROPOS

Dans l'espace de quelques **années** l'application des chemins de fer à traction de cheval, a pris en Amérique un développement capable de donner à réfléchir aux plus incrédules. Dans les villes de Boston, New-York, Brooklin, Philadelphie, Buffalo, Chicago et Saint-Louis, il y a maintenant des rails posés sur une longueur totale de cinq cents milles (800 kilomètres ! ! !). Des sommes considérables, placées dans les diverses entreprises de ce genre, rapportent de 6 à 15 pour cent. Les seules voies ferrées de New-York et de Brooklyn ont transporté plus de 34 millions de voyageurs en un an, et il n'y a eu pendant ce temps que douze accidents.... En 1859, les omnibus du Metropolitain

Railway, à partir de Boston, ont fait en tout 837,000 milles (1,346,735 kilom.) sur un chemin dont la longueur totale de la voie n'est que de 14 milles 1/2 (23 kilom.). Dans cette exploitation il n'est arrivé qu'un seul accident, et encore de peu d'importance. Aucune instance en dommages-intérêts n'a été engagée contre la compagnie.

En ce moment la presse anglaise se préoccupe vivement de la nécessité urgente d'adopter ce nouveau système, dont une application vient d'être solennellement inaugurée à Birkenhead (Liverpool).

La France a trop tardé à bénéficier de ce progrès. Nous venons donc faire appel en toute confiance à l'attention bienveillante du gouvernement français et des administrateurs des grandes cités françaises, à leur juste sollicitude pour les intérêts et le bien-être de leurs concitoyens.

CHEMINS DE FER A TRACTION DE CHEVAL

DITS

CHEMINS AMÉRICAINS

I

Aucun progrès ne s'accomplit, aucune innovation utile et même nécessaire n'est acceptée en ce monde sans résistance. L'éclairage au gaz, les bateaux à vapeur, les chemins de fer, la télégraphie électrique, ont eu à lutter contre des difficultés sans nombre, contre des préventions intéressées, longtemps invincibles. Hâtons-nous d'ajouter qu'il serait injuste d'attribuer exclusivement ces contradictions au froissement d'intérêts personnels. On pouvait, au début, s'exagérer de bonne foi les dangers du gaz et de la vapeur, forces nouvellement asservies au joug de l'industrie humaine. Certaines hésitations, certains tâtonnements dans leur emploi avaient donné lieu à des accidents regrettables sous plus d'un rapport, et fortifié les appréhensions timides, les préjugés de la routine.

Qu'est-il arrivé cependant ? l'impulsion irrésistible du progrès, des nécessités sociales, a fait justice en peu d'années de ces répugnances. Les développements des industries nouvelles ont permis d'octroyer de larges compensations aux représentants des anciennes industries ; les intérêts qui se croyaient anéantis ont subi seulement une transformation. Les perfectionnements d'exécution ont rendu les accidents plus rares et bientôt à peu près impossibles, et dissipé graduellement toutes les craintes, si bien que ceux qui se montraient le plus effrayés, ceux qui se croyaient le plus compromis, ont oublié leurs défiances et n'aimeraient pas qu'on les leur rappelât.

Ce qui s'est passé pour le gaz, pour les applications de la vapeur aux communications par terre et par eau, pour la télégraphie, s'est renouvelé plus récemment à propos d'une innovation qui vient apporter à la puissante industrie des chemins de fer, un complément longtemps attendu. Il s'agit de l'application du système des voies ferrées à traction de cheval, système déjà connu sous le nom de *chemins américains* et dont nous voulons développer largement la pratique en France.

L'Europe, et particulièrement la France, ne connaissent encore, à vrai dire, ce système qu'à l'état d'ébauche ; quand on le voit appliqué en grand, depuis quinze années déjà, dans les cités les plus vastes et les plus populeuses de l'Amérique, on a peine à comprendre que l'ancien monde soit encore si fort en arrière du nouveau pour une innovation si simple et si utile, et que la France surtout, si prompte à la compréhension de toutes les idées rationnelles et progressives, se laisse encore cette fois distancer dans l'exécution.

L'hésitation toutefois ne saurait plus être longue, car elle n'aurait, en réalité, pas de raison d'être. Toutes les difficultés ont été résolues, toutes les appréhensions dissipées par l'expérience. Dans l'espace de quinze ans, le système des transports par voitures a subi graduellement une transformation complète dans les grandes cités de l'Union américaine, Saint-Louis, Boston, New-York, Philadelphie, Baltimore, Brooklyn, Buffalo, Chicago, Cincinnati, etc. Plus ces villes s'accroissent en population et en mouvement commercial, plus les avantages du nouveau système sont appréciés. Là, comme partout où il s'est produit quelque modification tendant à une économie de travail, il a fallu soutenir une lutte souvent opiniâtre contre la routine, fortifiée par les préjugés populaires, et cette fois encore la routine a dû s'avouer vaincue, l'intérêt bien entendu des masses a fini par prévaloir. Aujourd'hui l'Amérique tient autant à ses voies ferrées à traction de cheval que l'Europe aux diverses applications de la vapeur, au gaz, à la réforme postale, en un mot, à toutes les innovations vivement combattues et définitivement victorieuses. La réforme que nous venons recommander aujourd'hui est également intéressante, également nécessaire, et nous avons la conscience d'accomplir une œuvre de haute utilité sociale, en contribuant à hâter son triomphe dans l'ancien monde, et surtout en France.

II

Si étrange que le fait puisse paraître, il n'est que trop vrai qu'en thèse générale l'opposition que rencontre une réforme quelconque est toujours en raison directe de son utilité, et que cette opposition se produit plus énergiquement de la part de ceux-là mêmes qui sont appelés tôt ou tard à tirer de l'innovation le profit le plus grand.

L'expérience du passé, sous ce rapport, devrait profiter à l'avenir, et l'histoire industrielle de la France offre plus d'un exemple bon à méditer.

On pourrait rappeler à ce sujet les métiers Jacquart, servant à alimenter des feux de joie dans les émeutes populaires, et plus tard, lors de l'établissement des chemins de fer, les habitants des campagnes dégradant les rails, ou se réunissant avec l'intention de s'opposer de force au passage des premiers wagons. Heureusement la réflexion n'a pas tardé à faire justice de ces premiers emportements. Le peuple a bientôt reconnu que c'était à lui-même qu'il faisait la guerre et qu'en entravant le développement de ces révolutions pacifiques, il travaillait au maintien de systèmes surannés bien autrement dispendieux pour lui.

Depuis cette époque, l'instruction populaire a fait, grâce à Dieu, assez de progrès, pour que nous n'ayons pas à redouter de ces répugnances aveugles et violentes contre les améliorations nouvelles que nous proposons aujourd'hui. Toutefois c'est pour nous à la fois un devoir et une précaution indispensables, d'exposer préalablement notre projet, de faire justice des objections qui ont été, à diverses reprises et en divers lieux, présentées contre lui, et qui pourraient être reproduites à l'occasion des applications que nous voulons en faire sur un terrain nouveau.

Ce projet, on le sait déjà, consiste à modifier complétement le système de locomotion usité dans toutes les communications principales des cités importantes et de leurs banlieues, en employant à cette locomotion des voitures grandes et commodes, circulant sur un système de rails analogue à celui des chemins de fer proprement dits. Ce changement offre une multitude d'avantages :

1° Economie considérable dans les frais de matériel pour les compagnies et, par conséquent, dans le prix du transport pour les voyageurs et pour les colis de toute nature.

2° Economie non moins précieuse de temps par suite de l'augmentation de rapidité de ce même transport.

3° Diminution relativement considérable d'encombrement dans les grandes villes, puisque, grâce à la facilité de traction que ce système procure, un nombre *moindre* de voitures plus *grandes* que les anciennes et traînées néanmoins aussi par deux chevaux et même par un seul, suffit, non—seulement aux besoins actuels, mais à un accroissement de circulation.

4° Diminution non moins sensible du bruit dans

les rues ; car, ainsi que nous le démontrerons plus bas, la voie ferrée sur laquelle le roulement est à peine sensible, ne sera pas suivie seulement par les voitures du nouveau système, mais aussi par la plupart des grosses voitures qui y rouleront mieux et à moins de fracas. La même cause contribuera à diminuer l'inconvénient du bruit et de la poussière dans les rues et sur les routes.

5° Suppression complète des cahots, dont les anciennes voitures sont si déplorablement prodigues et que même les mieux construites n'épargnent pas toujours à ceux qui s'en servent. Ces avantages de nature diverse sont dus à la combinaison de l'emploi des rails avec celui des chevaux, combinaison grâce à laquelle deux chevaux traînent une voiture renfermant 50 à 60 personnes avec moins de fatigue, et par conséquent avec plus de vélocité qu'ils ne traînent 15 ou 20 voyageurs dans les voitures de l'ancien système. Nous pourrions ajouter ici que l'établissement de ces voies ferrées est susceptible de recevoir une application non moins importante au point de vue commercial, par l'emploi de locomotives remorquant des wagons de marchandises, exactement comme sur les chemins de fer ordinaires, sauf, bien entendu, des modifications indispensables dans la longueur des trains et la rapidité de la locomotion. C'est ce qui se pratique à Philadelphie, à New-York et dans d'autres villes américaines, en Angleterre le long des quais de Liverpool, sur les bords de la Néva à Saint-Pétersbourg, etc.

Le même procédé pourrait être employé sur les quais et le long des bassins des grandes villes maritimes de

France. Comme il l'est déjà à Lyon, à Nantes et ailleurs, comme il pourra l'être d'ici à peu de temps dans d'autres cités importantes.

On pourrait aussi, par l'emploi de ce système, établir des communications plus rapides dans les parties de territoires dépourvues de chemins de fer, relier utilement ensemble certains points des grandes lignes divergentes, et procurer ainsi une compensation aux localités qui par suite de leur situation désavantageuse par rapport aux grands centres modernes, n'ont pu encore ou n'ont aucun espoir d'obtenir d'embranchements ; elles pourraient du moins, par ce moyen, être rattachées au système général des réseaux actuels, et participer dans une certaine mesure, aux avantages des grandes lignes, au moyen de tramways dirigés vers les stations les plus voisines. On pourra même peut-être épargner ainsi à de telles localités la construction d'embranchements secondaires, coûteux et d'un trop faible rapport, ou même susceptibles de produire des concurrences fâcheuses entre des lignes principales de chemins de fer.

L'essentiel, au surplus, réside dans l'établissement et la pose des voies ferrées, et dans les facilités exceptionnelles que ce mode de transport assure aux voyageurs. Les autres applications se produiront ultérieurement par suite du cours naturel des choses.

L'application de ce système semblerait exiger impérieusement des surfaces planes, des lignes droites, comme il s'en rencontre sur de larges espaces, dans la plupart des grandes villes d'Angleterre et de France, aussi bien que dans les cités américaines. Il n'est néanmoins aucunement incompatible avec certaines inégalités de terrain comme, par exemple, les deux rampes qu'offre le parcours de la ligne des boulevards de Paris, à la hauteur de la rue de Richelieu et à celle de la porte Saint-Martin. En Amérique, des rampes de 0,05 centimètres et même 0,10 centimètres par mètre, sont aisément franchies, même au trot, par deux chevaux traînant des voitures de trente et quarante voyageurs.

On établit aussi des voies ferrées dans des localités présentant des courbes très-prononcées.

Les chemins américains doivent être généralement établis à deux voies, pour l'aller et le retour ; ce mode d'exploitation est à la fois le plus logique et le plus avantageux. Il en existe néanmoins de très-importants à une seule voie, comme celui qui parcourt Brooklyn, près de New-York. Cette réduction à une seule voie peut être motivée soit par des variantes dans les éventualités de revenu, soit par des difficultés locales. Cette dernière circonstance se produira souvent dans les villes de l'empire français, où la largeur des rues, des quais, et des boulevards n'est pas et ne sera pas de longtemps en rapport avec l'importance de la population et du commerce ; c'est là le grand inconvénient des anciennes cités. Fruit du lent travail des siècles, fondées et accrues, en général, sous l'influence d'idées bien différentes de celles d'aujourd'hui, elles nous offrent des agglomérations compactes d'édifices, qui contrastent singulièrement avec les hardis envahissements d'espaces qu'on remar-

que dans les grandes cités modernes. Cette considération suffit pour nous expliquer le peu de largeur relative
des plus importantes communications dans des cités de
premier ordre, quand l'établissement de ces communications remonte à une époque où les besoins de la circulation étaient plus restreints, de même que les procé-
dés de locomotion, où surtout la plus grande des
nécessités sociales était la sécurité. Ces temps ne sont
plus ; mais ils ont laissé en Europe, et notamment en
France, des traces encore profondes et durables, et l'appropriation de ces anciennes localités aux exigences de
la civilisation moderne, ne saurait être l'œuvre d'un jour.
En attendant les améliorations que produira infaillible-
ment dans un temps plus ou moins éloigné, l'application graduelle du système des alignements, l'établissement des chemins de fer américains, même à une seule
voie, répond à merveille aux exigences de cette situation
de la plupart de nos grandes villes commerciales, dans
lesquelles la largeur des voies de communication n'est
plus en rapport avec l'accroissement de la circulation.
En effet, comme on ne saurait trop le redire, comme le
démontreront pleinement les détails statistiques qu'on
trouvera plus loin, l'usage de ces voies ferrées diminue
sensiblement l'encombrement des voitures, celui même
des piétons. Quant à l'inconvénient de la rencontre des
voitures allant en sens inverse sur les mêmes rails, on
peut y remédier facilement par l'établissement de distance en distance, de voies d'évitement.

III.

C'est ici le lieu d'examiner les objections que les premières tentatives d'exécution de ce système ont soulevées, et qui se reproduiront indubitablement en Europe, bien qu'il ait désormais pour lui le plus irrésistible des arguments, l'expérience.

Toutes les chicanes de détail que nous allons rappeler sommairement avaient déjà été présentées et victorieusement résolues en Amérique même, par les raisonnements et par les faits. Mais il existe contre les innovations importées d'Amérique, et en raison de leur origine même, une sorte de prévention dont il est nécessaire, avant tout, de faire justice. Faute de pouvoir contester à cette nation nouvelle la persévérance, le sang-froid, l'audace, le génie pratique de l'industrie, ses détracteurs lui attribuent l'exagération même de ces qualités. On transforme sa persévérance en obstination, l'audace en témérité, le sang-froid en insouciance brutale de la vie des hommes. On recueille, on évoque complaisamment à l'appui de cette prévention certains accidents, profondément regrettables d'ailleurs, de steamers et de chemins de fer proprement dits, on les attribue à une impatience téméraire d'économiser le temps, d'aller et d'arriver vite à tout prix. L'industrie nouvelle des tramways a rudement subi le contre-coup de ces reproches, surtout en

MODÈLE des VOITURES AMÉRICAINES
Introduites en Europe par M. G. F. TRAIN

Angleterre, dans ces deux dernières années, alors qu'un citoyen américain intelligent, M. Georges-Francis Train, luttait avec la plus louable persévérance, pour l'application du nouveau système de voies ferrées dans les grandes cités d'Angleterre, et surtout dans leurs banlieues. On a entendu plus d'une fois à cette occasion, dans de graves délibérations de hauts personnages, cédant soit à l'entraînement d'une ancienne rancune nationale, soit à l'inspiration moins élevée d'intérêts transitoirement compromis, se récrier emphatiquement sur les folles témérités industrielles des États-Unis, sur la perturbation et le *carnage* que causerait le lancement de ces *monstrueuses voitures* (textuel) à travers les rues populeuses des villes anglaises.

Le but que l'on se propose ici n'est ni de justifier, ni même d'excuser les imprudences commises sur certaines voies d'exploitation dans les États-Unis. Peut-être serait-on moins sévère, si l'on prenait en considération l'impérieux besoin de dompter en quelque sorte par l'accroissement de vitesse, l'obstacle que l'immensité des distances oppose à la célérité indispensable au mouvement commercial d'un grand pays ; les imperfections inévitables dans l'exploitation de chemins de fer lancés résolument à travers des savanes et des forêts vierges, et continuant dans une proportion gigantesque la tâche des hardis pionniers du dix-septième siècle. Peut-être y a-t-il après tout quelque chose d'excusable dans cette effervescence juvénile d'une racé appelée à de hautes destinées, et l'on pourrait dire avec l'un des historiens modernes de la France : « Quand la mer monte, qui donc se soucie de l'écume ? »

Mais quoi qu'on puisse dire sur ce sujet délicat, nous avons à remplir une autre tâche. Nous tenons à dégager l'industrie spéciale des tramways de toute solidarité avec les imprudences qui ont été commises ailleurs. Ici nulle éloquence ne pourrait remplacer ni balancer celle des chiffres. Nous en empruntons quelques-uns, pris au hasard, à la statistique de l'exploitation par voies ferrées, d'une des grandes villes de l'Union américaine.

D'octobre 1857 à octobre 1858, les cinq lignes de New-York ont transporté 34,602,506 voyageurs, et pendant ce laps de temps, il n'y eut en tout que douze accidents. Ce chiffre officiel parle de lui-même, et nous en pourrions citer bien d'autres. C'est en s'appuyant sur de tels antécédents que M. G. F. Train est parvenu à surmonter toutes les hésitations, tous les préjugés, et à susciter l'attention de la presse anglaise sur cette question.

C'est à lui que l'Angleterre doit la confection des voies ferrées à Birkenhead près de Liverpool, première application du système américain comme moyen de locomotion principale dans une grande cité de l'Angleterre.

Ce résultat, à vrai dire, n'a rien de surprenant pour quiconque va au fond des choses. Ces catastrophes qu'on reproche tant à l'Amérique ont toujours pour théâtre des localités éloignées, des explorations de contrées encore désertes. A qui donc prétendrait-on faire sérieusement accroire que la même turbulence, la même témérité, règnent sans contrôle dans les grands centres de population, dans des villes de 600,000 âmes et plus, et que les Américains soient moins soucieux qu'aucune autre nation du monde, de la sécurité de leurs familles ?

Ce tout-puissant argument en chiffres nous dispense de discuter en détail des doutes résolus, des arguments surannés. Non, il n'est pas vrai, comme on le soutenait encore récemment, que le poids des véhicules sur les tramways occasionne des dégradations dans le macadamisage, des chocs et des déraillements fréquents, surtout dans le système de rails perfectionnés dont nous parlerons tout à l'heure. On verra en même temps par le détail de l'organisation actuelle des tramways, qu'il n'y a rien que de parfaitement imaginaire dans tout ce qui a été dit des dangers que présenterait ce mode de locomotion pour les piétons, pour la montée et la descente des omnibus du nouveau système et pour les voitures particulières. Au surplus, l'acquiescement de l'Angleterre rend notre tâche bien plus facile vis-à-vis de la France. Il n'y a d'ailleurs entre la France et l'Union américaine aucun motif secret de rancune ou de susceptibilité nationales qui puissent retarder l'accomplissement d'un progrès en raison de son origine.

IV

Nous allons maintenant entrer dans quelques détails indispensables sur le matériel des voitures actuellement employées en Amérique et dont l'usage va s'étendre incessamment en Angleterre et en France.

Les caisses proprement dites de ces voitures contiennent de 30 à 40 voyageurs. La disposition des siéges est pareille à celle des anciens omnibus, mais ils sont infiniment plus confortables, et la voiture est assez large pour que chaque nouvel entrant puisse passer sans déranger personne. Cette augmentation de largeur profite aussi naturellement à la commodité des voyageurs qui préfèrent le grand air dans les voitures à impériales, ou voitures d'été. Les escaliers de ces impériales sont larges et d'un accès facile, l'installation y est de tout point plus satisfaisante que sur toutes les voitures omnibus présentement en usage en Europe, ce qui, à vrai dire, n'est pas difficile.

On verra par le dessin joint à cette description, que ces nouveaux omnibus sont vitrés dans toute leur hauteur, disposition favorable à l'aération des voitures et propre à en alléger le poids. Elles se terminent aux deux extrémités par des plate-formes couvertes de larges auvents ou *marquises*, plate-formes sur lesquelles plusieurs personnes peuvent se tenir debout, parfaitement à l'abri,

sans éprouver plus de secousses que sur le pont d'un
bateau à vapeur. Le cocher à l'avant de la voiture et le
conducteur à l'arrière, ont sous la main un frein de dé-
brayement et d'enrayement auquel il suffit d'imprimer un
léger mouvement pour arrêter brusquement la voiture,
même lancée au grand trot des chevaux, et la maintenir
dans un état parfait d'immobilité jusqu'à ce que le voyageur soit installé ou descendu. Quand le voyageur se présente du côté de l'arrière, le conducteur, avant de serrer
son frein, met en mouvement une petite cloche dont les
chevaux apprennent bien vite à connaître le son. Ils
restent alors d'eux-mêmes en place, prévenant ainsi le
brusque mouvement d'arrêt imprimé à la voiture par le
jeu de la roue d'enrayement.

Cette description des voitures actuellement employées,
suffit pour réfuter toutes les objections proposées contre
le système des voies ferrées dans l'intérieur des villes,
et pour en manifester tous les avantages. L'arrêt su-
bit et permanent de la voiture en facilite l'entrée et la
sortie, même aux personnes âgées ou infirmes, et supprime ainsi et radicalement l'une des causes les plus
fréquentes d'accidents dans l'ancien système. La substi-
tution de ces grandes voitures, à la traction desquelles
deux chevaux suffisent sur la voie ferrée, diminue l'encombrement des rues au lieu de l'augmenter, puisque
deux chevaux à une seule voiture suffisent pour faire le
service, qui, dans l'état de choses précédent, nécessitait
l'emploi d'un matériel double ou même triple. L'établissement des tramways diminue également le nombre des

piétons sur les trottoirs. L'augmentation de vitesse du transport et la modicité de prix engagent, en effet, un plus grand nombre de personnes à profiter de ces nouveaux véhicules. *Le faible relief du système actuellement usité pour la pose des rails au niveau des rues, rend les cahots impossibles.* Les voitures glissent plutôt qu'elles ne roulent sur ces voies ferrées, Suivant l'expression d'un témoin oculaire, leur bruit n'incommode pas plus maintenant les habitants des rues *que si le sol était couvert d'une épaisse couche de neige,* et les voyageurs évitent ainsi la sensation si désagréable et si habituelle de l'ébranlement des vitres. Ce dernier avantage ne peut manquer d'être apprécié dans bien des villes françaises, où ces voies ferrées seront employées sur des quais ou dans des rues pavées. L'organisation de ces voitures qui, de l'aveu des ingénieurs anglais eux-mêmes, sont supérieures pour la solidité et le confortable, à tout ce qu'on voit en ce genre en Europe, présente encore un avantage qui sera vivement goûté dans nos anciennes villes. Ces voitures sont construites de manière à pouvoir circuler facilement sur des courbes, même du plus faible rayon, et se prêtent ainsi à tous les changements de direction.

Enfin, il n'est pas exact de dire que ce nouveau système nuise en quoi que ce soit aux voitures particulières. L'expérience a prouvé, au contraire, que les cochers de ces voitures suivent de préférence la voie ferrée dans l'intervalle du passage des omnibus, pour soulager leurs chevaux de la traction et éviter les cahots. Philadelphie est la ville de l'Union qui présente le plus grand développement de voies ferrées, et où l'on remarque en même temps la circulation la plus considérable de voitures particulières.

L'établissement des tramways dans cette grande ville, est un des précédents historiques les plus curieux à étudier pour l'application du système dans d'autres contrées. Toutes les difficultés que peut rencontrer son organisation dans une cité importante, se trouvaient agglomérées là comme à dessein. Plusieurs des rues désignées par les ingénieurs, étaient moins larges que dans d'autres villes de l'Union américaine, et nulle part il ne s'est produit une plus vive opposition de la part des propriétaires d'anciennes voitures, des habitants en général et spécialement des marchands, auxquels on était parvenu à faire accroire que l'établissement des voies ferrées nuirait à leur vente, tandis que l'expérience a démontré, au contraire, que l'importance du mouvement commercial a augmenté dans les rues desservies par les tramways, et que la valeur même des propriétés bâties s'y est accrue dans la proportion de 30 à 50 0/0. Philadelphie renferme aujourd'hui quatorze lignes de chemins de fer d'une étendue totale d'environ 105 milles (170 kilomètres), qui ont coûté environ dix millions de dollars (56 millions) de frais d'établissement. Il en reste à établir une longueur de 55 milles, pour le complément de l'exploitation projetée. Elles sont reliées entre elles par des stations de correspondance aux points d'intersection, si bien qu'aujourd'hui il est peu d'habitants qui n'aient la facilité de monter en voiture devant leur porte, et de se faire transporter dans n'importe quelle partie de la ville, aux distances les plus considérables, pour la modique somme de 25 centimes, et 15 centimes pour les enfants.

La largeur moyenne des rues de Philadelphie n'est que de 26 pieds (8 mètres), et néanmoins, depuis l'établissement du nouveau système, la circulation y est en réalité plus grande et l'encombrement moindre qu'autrefois. Il est vrai qu'en revanche, la rue principale, Market street, a soixante pieds (18 mètres) de largeur. On a profité de cette dimension exceptionnelle pour y établir quatre voies ferrées d'une largeur de cinq pieds deux pouces anglais (1 mètre 57 c.)

L'inclinaison la plus forte dans l'intérieur de la ville est de 0.05 centimètres par mètre ; mais l'embranchement de West Philadelphia Road, présente une rampe de 0.10 centimètres par mètre, qui nécessite des chevaux de renfort.

L'établissement de voies ferrées dans certaines rues longues et étroites de cette grande ville pourra être imité avec grand succès dans les anciens quartiers dès cités européennes. Plusieurs de ces tramways à une seule voie, sont organisés de telle façon, que les voitures vont par une rue et reviennent par l'autre. Ce système répond à merveille aux besoins du service dans des massifs resserrés et populeux.

« Je crois, dit un ingénieur habile, M. P. Maquisten, « dans un rapport spécial, que presque tous les modes

« de rails ont été expérimentés à Philadelphie. On y a
« renoncé au rail évidé, indiqué sur le n° 2 du plan, et
« employé à New-York, et l'on a donné la préférence au
« modèle n° 4. Je recommanderai pourtant qu'on ne lui
« donne pas plus de 3/4 de pouce (0,018 millimètres) de
« relief, je suis convaincu que cela suffira, et que l'accès
« de la voie deviendra beaucoup plus facile, non-seulement
« pour les voitures de luxe, mais pour les charrettes et
« camions qui en viendront inévitablement à suivre tou-
« jours de préférence la voie ferrée. Le rail avec sa plate-
« bande a plus de 5 pouces (0,15 centimètres) de lar-
« geur, et cette disposition a l'avantage de concentrer,
« d'accaparer le parcours des grosses voitures, de soula-
« ger les habitants de l'incommodité du bruit qu'elles
« faisaient en roulant sur le pavé ou le macadam, enfin
« d'économiser sur le transport des marchandises tout
« en l'augmentant, puisque la facilité de traction, plus
« grande sur les voies ferrées, permet de charger les
« voitures qui la suivront, de poids plus considérables. »

Les villes de Boston et de New-York jouissent à peu
près des mêmes avantages que Philadelphie ; il y a présentement 100 milles (160 kilomètres) de ces voies ferrées à Boston et dans les environs, et 50 milles (80 kil.)
à New-York.

Les chemins de Boston, moins considérables que ceux
de Philadelphie, présentent néanmoins un intérêt histori-
que réel. Leur établissement a été la première application
pratique en grand du système, et telle était alors la dé-
fiance, l'hostilité générale à son égard, que la souscrip-

tion ouverte pour couvrir les frais de construction ne produisit qu'une somme de 43,000 dollars, et que l'entrepreneur ne put être payé qu'en actions et en obligations de la compagnie. Boston se rapproche, plus que toutes les autres cités de l'union américaine, du mode plus compacte de construction des cités de l'ancien monde. Les rampes y sont plus rapides, les rues moins larges, plus inégales, plus tortueuses qu'ailleurs. Dans bien des endroits il a fallu se contenter d'une seule voie, et parfois même de voitures à un cheval. Toutes ces difficultés ont été néanmoins surmontées sans accidents, sans travaux spéciaux de redressement ou d'alignement des rues, et les chemins de Boston sont devenus comme on le verra dans l'appendice, aussi fructueux pour la compagnie qu'utiles à la cité.

A Boston, la largeur entre les trottoirs dans Boylston-Street est de 24 pieds, dans Cambridge-Street, elle est de 20 pieds, et dans Trémont-Street de 33 pieds.

Dans les deux premières de ces rues il n'y a qu'une seule voie, dans la troisième il y en a deux. La largeur de la rue Cornhill, à Boston, rue très-commerçante et populeuse, n'est que de 22 pieds entre les trottoirs.

Le système des tramways s'est donc mesuré d'avance, et avec un succès complet aux Etats-Unis, contre les principales difficultés qu'il peut rencontrer en France. En janvier 1860, douze villes américaines présentaient à elles seules 500 milles (800 kilomètres) de voies ferrées et cette quantité a dû s'augmenter considérablement depuis, par suite des travaux projetés ou même en cours d'exécution. Le nombre des voyageurs transportés par les tramways réunis de Boston, New-York et Philadelphie, dépasse 70 millions dans le cours d'une seule année.

V

Nous sommes bien loin d'avoir épuisé le détail des arguments qui peuvent être produits en faveur du système américain et de ses heureux résultats aujourd'hui garantis par des expériences multipliées.

Ainsi, on ne saurait trop répéter que, dans leur dernier état de perfectionnement, les rails des tramways ne font plus sur le sol qu'une saillie extrêmement peu sensible, complétement insignifiante à l'égard des voitures ou des camions qui coupent ces rails en diagonale pour s'approcher tout à fait des habitations; que l'établissement des voies ferrées ne profite pas seulement au confortable des voyageurs et à la durée du matériel roulant, mais qu'il profite aussi aux autres voitures qui en cheminant sur les rails fatiguent bien moins leurs roues, leurs chevaux et leurs voyageurs.

Un autre changement non moins ingénieux consiste dans le placement des roues sous la caisse même de l'omnibus du nouveau système, disposition empruntée à la locomotion à vapeur, et déjà appliquée au moins en partie dans divers chemins de fer américains. Elle permet de faire bénéficier la largeur de la caisse, dans l'in—

térêt des voyageurs, de la plus grande partie de l'espace occupé jadis par la saillie des roues et des moyeux. On a obtenu ainsi des voitures plus commodes, bien qu'elles laissent en réalité plus de place aux autres dans les rues, et l'on a ainsi annihilé ou du moins réduit considérablement les chances nombreuses de dégradations et d'accidents qui résultaient naguères des chocs et des accrochements de voitures. Ce perfectionnement, de même que tous ceux qui facilitent la circulation dans les rues étroites, est destiné à acquérir une sérieuse importance dans l'organisation des tramways européens.

L'économie du matériel et des frais de traction, obtenue par le système américain, ne saurait être prise trop sérieusement en considération. La force d'un cheval est de plus du double sur un chemin ferré que sur un chemin ordinaire, ainsi donc, deux-chevaux font de cette manière, et sans augmentation de fatigue, au moins la besogne de quatre dans les usages ordinaires, et cette évaluation est encore au-dessous de la vérité (1). Il y a donc ainsi à la fois, diminution d'encombrement dans les rues aussi bien que réduction dans les dépenses de traction, de construction et d'entretien de matériel.

Les voies ferrées n'apportent aucun obstacle aux travaux du gaz et des aquéducs, les rails étant posés sur des traverses mobiles.

(1) Et ce propos il convient d'ajouter ici que la traction sera diminuée encore de 50 *pour cent* par l'application aux voitures d'un système breveté de boîtes à galets, système dont le chemin de fer du Nord, après l'avoir essayé pendant quatre années pour se rendre un compte exact de ses avantages et de sa durée, a fait l'acquisition pour l'appliquer sur toutes ses lignes.

Le mouvement des voitures sur les rails plats est à la fois plus rapide et plus doux. Elles font en moyenne de cinq à six milles (huit à dix kilomètres) à l'heure, y compris les stations et les temps d'arrêt ; mais cette vitesse peut sans inconvénient être augmentée d'un tiers, suivant les circonstances. Cette économie de temps et d'argent profite à l'homme d'affaires, comme à l'ouvrier, et favorise singulièrement l'augmentation du nombre des personnes qui renoncent à l'usage des voitures trop dispendieuses, à la lenteur fatigante d'une longue marche à pied, pour monter dans ces voitures, où elles trouvent, suivant l'expression d'un ingénieur américain, le confort aristocratique joint à un prix démocratique.

A ces conditions d'intérêt général, nous pourrions en ajouter d'autres non moins attrayantes, sur les avantages que l'application du nouveau système a procuré et procure encore journellement aux capitalistes qui ont fourni les fonds des diverses entreprises réalisées jusqu'à ce jour. On trouvera dans l'appendice placé à la fin de ce travail, des détails statistiques, qui prouvent que les tramways établis jusqu'ici en Amérique, nonobstant les tâtonnements inévitables dans une première série d'expérimentations, ont rapporté de 6 à 15 0/0. Nous nous bornerons à observer que ces chiffres déjà satisfaisants ne peuvent manquer de s'accroître dans une forte proportion, attendu que nous profiterons de l'expérience et des fautes même de nos devanciers, et qu'adoptant de suite le modèle de rails dont l'emploi a été définitivement reconnu le plus avantageux, on réalisera de prime abord dans les frais d'établissement d'importantes économies.

Complément obligé des grandes lignes de locomotion, les chemins de fer américains feront de même en peu d'années leur tour du monde ; ils iront tour à tour embellir et vivifier toutes les grandes villes, et leur adoption plus ou moins prompte, exercera indubitablement une grande influence sur l'avenir des grands centres de population. Ce progrès est dans la nature même des choses, car il devient de jour en jour plus insoutenable que la vitesse de la locomotion subisse, par suite du changement de véhicule, un ralentissement si marqué au terme du voyage, au moment où chacun est le plus pressé d'arriver, soit pour faire ses affaires, soit pour revoir sa famille. Il n'est pas logique qu'un voyageur rentrant dans sa ville natale, mette plus de temps à regagner son domicile à pied, en omnibus, ou en voiture particulière, qu'il n'en a mis à faire quinze, vingt lieues et souvent davantage en chemin de fer.

Cette innovation ne peut donc manquer de réussir en dépit de toutes les résistances. Néanmoins il importe d'observer que les progrès pacifiques étant à la fois plus sûrs et plus prompts, il ne saurait s'agir ici d'une guerre à outrance contre les industries présentement en exercice. Ainsi, dans toutes les grandes villes, l'exploitation des voies ferrées réclame l'emploi d'un nombre de chevaux au moins aussi grand que celle des omnibus actuels ; car il faudra bien qu'il y ait au moins parité dans le matériel de traction, pour suffire aux besoins d'une circulation qui, d'après toutes les données précédemment acquises, ne peut que s'augmenter considérablement, surtout si au transport des voyageurs vient se joindre un transbordement commercial. L'acquisition et l'appropriation de ce matériel pourront donc donner lieu à des transactions aussi satisfaisantes pour les anciens intérêts que pour les nouveaux, et les employés des anciennes administrations, en raison de leurs connaissances et aussi de leurs aptitudes locales, seront accueillis avec empressement dans les nouvelles.

VI

Ces considérations ont déjà été présentées, développées avec une persévérance remarquable par M. G. F. Train, qui s'est fait l'apôtre des tramways en Angleterre. Le succès a couronné ses efforts, en dépit de résistances nombreuses et opiniâtres, à l'appui desquelles on n'a produit toutefois aucun argument qui n'ait été mentionné et réfuté ici. Dans tous les districts manufacturiers de la Grande-Bretagne, cette importante question est à l'ordre du jour ; et dans ce moment même on étudie sérieusement la possibilité de couvrir l'immense surface de Londres et de ses environs d'un réseau continu de voies ferrées. Enfin l'Angleterre doit à M. Train la construction du premier chemin de fer complet, établi à Birkenhead (Liverpool) sur le vrai plan américain. M. Train a consigné ses démarches, ses nombreuses correspondances, les plans, rapports et documents de statistique officielle sur lesquels il s'est appuyé, le détail des obstacles qu'il a dû vaincre, les appréciations des principaux journaux, les discussions des conseils des villes, en un mot, toute sa campagne américaine en Angleterre, dans une brochure récemment publiée à Londres, brochure à laquelle nous avons emprunté plus d'un renseignement utile (1).

Dès l'année 1855, quand j'eus l'honneur d'être appelé par mes concitoyens à présider le comité des commissaires américains lors de l'exposition universelle de 1855, j'avais songé sérieusement à introduire ce système de tramways en France. Les embarras politiques de l'Europe m'empêchèrent alors de donner suite à ce projet, j'y reviens aujourd'hui, appuyé sur des faits plus concluants, sur des expériences plus décisives. Si les grandes cités commerciales et maritimes de la France comprennent bien leur intérêt, le temps perdu jusqu'ici sera réparé en peu d'années. Les capitaux sont prêts pour les dépenses des premières lignes ; car l'expérience de l'Amérique, et on pourrait déjà presque dire celle de l'Angleterre, garantissent aux capitalistes la sécurité et le profit dans ces sortes d'entreprises. La bienveillance éclairée du gouvernement et de son Illustre Chef ne manquera pas, je l'espère, à un projet qui ne peut être que profitable à l'industrie, au commerce de la France, au bien-être de toutes les classes de la société ; et tout nous fait es-

(1) *Observations on street Railways, by G. F. Train.* London, 1860, brochure de 114 pages.

pérer que des concessions sollicitées ne se feront pas longtemps attendre.

En résumé, je crois accomplir une œuvre utile à la France, en m'efforçant de la faire promptement participer au progrès du système de locomotion américain.

W.-J. VALENTINE,

de la maison Arnold, Valentine et Ce, 16, place Vendôme.

Paris, le 20 octobre 1860.

APPENDICE

RAPPORT

DE

LA MÉTROPOLITAIN RAILVVAY COMPANY

Boston, le 1er décembre 1859.

(Traduction.)

Nous venons, à la fin de la troisième année d'exercice de cette compagnie, rendre compte de ses affaires et de sa situation.

Les recettes provenant des voyageurs pendant l'année s'élèvent au chiffre de 302,164 dollars 86 cents (1,510,825 fr.) ; les autres à celui de 4,277 dollars 96 cents (21,400). Total des recettes : 306,442 dollars 82 cents (1,532,215 fr.)

La totalité des dépenses pendant l'année a été de 250,273 dollars 33 cents (1,224,865 fr.), ce qui laisse un excédant de recettes sur les dépenses de 56,066 dollars 49 cents (280,350 fr.), dont 6,000 sont portés au compte de dépréciation (30,000 fr.)

Autorisés par un vote des actionnaires, nous avons acheté la franchise de la « Brooklyn Rail road company » et terminé cet embranchement de Waitt's Mills à Roxbury, jusqu'au centre de la ville de Brooklyn. Il a environ un mille trois quarts de longueur (2 kilom. 815 mètres).

Nous avons également construit une seule voie sur

Shawnut avenue, du bureau de la poste aux lettres à Oakstreet dans Roxbury; elle a environ un demi-mille (800 mètres.)

On vient d'achever une voie pour joindre à nos deux lignes le chemin de Norfolk-house à notre Car-house (remise) afin de pouvoir remiser nos voitures pendant la nuit; plus tard, peut-être, afin de transférer nos fourrages aux différentes écuries, si nous nous décidons à moudre notre propre grain.

La ville de Roxbury ayant élevé la rampe de Tremont-Street de la ligne de Boston à Wait's Mills, nous avons saisi cette occasion d'établir une voie avec des rails de fer de 24 pieds de long (7 mètres 30 centim.) et pavé les deux voies dans toute leur longueur.

Nous avons aussi relié les embranchements de Norfolk-house et de Warren-Street; il ne reste à relier que ceux de la ligne de Roxbury à Dover-Street sur Tremont-Street, et l'embranchement du Mount-Pleasant. Les rails de fonte qui ont été enlevés ont été promptement vendus, ce qui a diminué d'autant la dépense des nouveaux.

Nous avons acheté environ deux acres de terre au bout de notre ligne de Tremont-Street dans Roxbury à de très-bonnes conditions, et nous y avons construit une remise en briques de 157 pieds de long (48 mètres) sur 57 (17 mètres) de large, capable de contenir 28 voitures. Nous y avons aussi de la place pour une machine à vapeur afin de moudre notre grain.

On a posé les fondations d'une nouvelle écurie en briques de 125 pieds (38 mètres) de longueur sur 24 pieds (7 mètres 30 cent.) de largeur, derrière la nouvelle remise. Ce bâtiment sera achevé aussitôt que possible, car nous avons besoin d'une autre écurie sur ce point. Lorsque la nouvelle sera finie, nous vendrons nos écuries actuelles de Pearl-Street, et nous espérons retirer de cette vente une somme considérable, qui sera employée aux dépenses du nouveau bâtiment.

L'augmentation du prix de construction du chemin est de 65,197 dollars 94 cents (326,000 fr.), celle du matériel est de 15,005 dollars 75 cents (75,025 fr.); augmentation totale du coût du chemin et du matériel 82,203 dollars, 79 cents (411,015 fr.)

Nous avons 63 voitures et nous en employons environ 45 chaque jour.

Nous employons également 30 omnibus.

Notre nombre total de chevaux est de 590 ; nous n'en avons perdu que 3 pendant l'année.

Le nombre de voyageurs transportés par nos voitures durant l'année a été de 5,893,977.

Nos voitures ont parcouru une distance de 893,336 milles (1,437,380 kilomètres.)

La longueur de la voie est égale à une seule ligne de 14 milles et demi (23 kilomètres.)

Nous n'avons eu à soutenir aucun procès pour des dommages-intérêts, et il n'est arrivé que très-peu d'accidents, encore sont-ils tous d'une minime importance, et causés par l'inattention des voyageurs eux-mêmes.

Je puis aussi féliciter la compagnie de ce que nous touchons au but de nos efforts persévérants.

Nous avons demandé à la municipalité l'autorisation de faire passer notre voie par Cornhill et Washington-Street et de la prolonger jusqu'aux stations de chemins de fer et de bateaux à vapeur près du pont de Charlestown. Maintenant que l'utilité des chemins de fer à traction de cheval dans les localités populeuses est presque universellement admise, on peut espérer que la concession par Washington-Street sera accordée, et qu'elle s'étendra peut-être avant quelques mois jusqu'aux stations de chemin de fer et des bateaux à vapeur. Alors les citoyens des quartiers du nord et du sud jouiraient d'un moyen de communication précieux, et nous aurons atteint enfin le but de nos efforts persévérants, puisque nous aurons établi, pour toute la ville de Boston, un système de locomotion complet et à prix uniforme.

Signé : S. M. WELD, président.

Compte des revenus du 1er décembre 1858 à décembre 1859.

	DOIT.			AVOIR.	
Payé. . . . . . Dollars	110,627	28	Par balance du grand livre.	34,388	77
— salaires.	7,627	»	— le prix des voyageurs dans les voitures et omnibus	302,164	86
— loyers	4,947	79			
— intérêts.	3,652	73			
— assurance	1,393	68			
— impôts	880	12	— service des postes.	278	60
— grains, farine et paille.	75,210	79	— engrais.	2,829	61
— impôt de l'eau . .	562	50	— avertissements dans les voitures. . .	150	»
— chevaux	11,799	74	— intérêts	552	»
— réparations générales.	12,582	06	— diverses.	4,670	75
— réparations du chemin.	4,047	48			
— réparations du terrain	192	33			
— dommages. . . .	1,284	22			
— huile, fluide et gaz.	2,666	30			
— arrosage des rues.	1,623	25			
— livres, fournitures de bureau . . .	242	40			
— avertissements . .	776	22			
— licences des voitures.	52	»			
— Charbon pour les bureaux	215	95			
— Enlèvement de la neige dans les rues	3,133	33			
— Dépenses diverses	4,155	91			
— West, Roxbury railroad et Ce..	3,252	»			
— dividendes en janvier et juillet. .	45,000	»			
— Dépréciations . .	10,000	»			
Balance du compte nouveau	35,458	26			
Dollars. . . .	340,831	59	Dollars. . . .	340,831	59

Signé **CHARLES BROADMAN,**

Trésorier.

Compte général au 1er décembre 1859.

	DOIT.			AVOIR.	
Pour constructions. . .	308,339	71	Par capital social . . .	470,000	»
Terrains et bàtiments.	121,615	31	— hypothèques sur		
Matériel en général . .	18,898	55	propriétés. . . .	33,000	»
— chevaux. . . .	70,705	04	— obligation due, ci-		
— voitures. . . .	49,887	90	té de Boston. . .	22,645	16
— omnibus . . .	37,433	75	Gains appliqués à la		
			dépréciation.	30,000	»
			Balance.	51,236	20
Dollars. . . .	606,881	36	Dollars. . . .	606,881	36

Signé CHARLES BROADMAN.
Trésorier.

(Traduction.)

Chemins de fer américains à traction de cheval (tramways) à Londres et dans ses environs.

Il y a maintenant trente ans que j'ai été témoin du premier essai des locomotives à vapeur sur les routes ordinaires; — l'expérience en fut faite autour de Regent's Park, par une voiture à vapeur appartenant à M. Goldsworthy Gurney. C'était une machine d'un aspect fort étrange, montée sur quatre roues et munie de deux roues supplémentaires sur le devant, pour servir de gouvernail. J'ai assisté à tous les autres essais de Maceroni, d'Oyle, et de Sumner, Scott Russell, Handcock et autres, et j'arrivai à la conclusion que tout le projet était une illusion au point de vue pratique. Je n'ai jamais trouvé de raison pour changer d'opinion. — L'illusion consis'ait et consiste encore à essayer de pousser en avant une lourde machine roulant sur une surface irrégulière de pierres cassées, ou de pavés. Quant aux machines elles-mêmes, on obtenait par leur moyen des résultats considérables, plus considérables probablement qu'on n'en a obtenu sur les chemins de fer réguliers, si l'on considère la nature différente des chemins qu'elles parcouraient. Les essais modernes sous la forme de ce que l'on appelle « machines à traction » aboutissent à des déceptions pareilles. J'en excepte celle de M. Boydell, qui porte et dépose sur le sol ses propres rails et les reprend au fur et à mesure, pour conserver à ses roues une surface dure et unie. Toute la difficulté consiste, non pas dans la machine à vapeur, mais dans la nature du sol sur lequel elle doit fonctionner. Voilà plus de vingt ans que je prêche à tout venant cette grande vérité. J'ai désiré modifier par l'établissement de rails les routes ordinaires et les grands chemins pour les rendre propres à la locomotion par la vapeur sans rien changer aa trafic existant. C'est pour desservir ces rails qu'on a imaginé en Amérique les tramways, dont il est si fort question aujourd'hui en Angleterre. Il vient de s'en établir un à Birkenhead ; c'est l'œuvre d'un Américain qui a stimulé les capitalistes de la province de Lancastre.

Par un tramway moderne, on entend un chemin de fer avec des rails, posés sur un chemin ordinaire, de manière à ce qu'ils ne gênent pas la circulation des autres voitures; rails sur lesquels les omnibus ou autres voitures peuvent rouler avec la vitesse ordinaire, ou même avec une vitesse plus grande ; mais avec l'avantage que, sur cette surface dure et unie, et par **conséquent** plus **propre** à la locomotion, un cheval peut traîner le fardeau de quatre chevaux sur les terrains à niveau, et de deux sur des rampes ordinaires. Le rail est enfin un passage à surface égale, qui ne nuit pas plus au passage ordinaire, que les égouts en fer qui sont placés dans Fleet-Street ne gênent les piétons.

Cette sorte de chemin a commencé à être mis en usage aux Etats-Unis, où on a trouvé plus **commode** de faire passer les voies ferrées dans l'intérieur des villes, au lieu de les faire passer autour.

Partant de ce principe, il n'était pas **difficile** de l'appliquer aux rues pour le transit intérieur. En conséquence, des rails furent posés dans des rues étroites et parallèles, afin de ménager la circulation continuelle et le passage des omnibus. Ces omnibus des rues étaient une simple imitation des voitures de chemins de fer, bien différents de ce qu'ils auraient dû être pour faciliter la traction, mais répondant à l'entreprise d'après les idées américaines. Dans ce pays, où on va labourer la terre en habit de fête, on dit : « Ce qui est assez bon pour mes jambes est assez bon pour mes culottes. » Après quelques années de séjour aux Etats-Unis, un Français a exécuté à Paris même, une voie ferrée à traction avec toutes ses anciennes défectuosités, et je crois qu'elle existe encore. Mais pour engager l'Angleterre à l'adopter, il fallait un Américain lui-même ; et c'est M. Train qui a démontré énergiquement au bon public de Birkenhead les avantages du projet. Il est impossible que ce résultat n'excite pas l'émulation des habitants de Londres, et que l'établissement de tramways ne soit pas immédiatement décidé.

Il faut bien comprendre que le rail convenablement posé, ne gênera en aucune façon la circulation ordinaire

des rues ou des routes, qu'il n'y aura pas un morceau de
pavage en fer substitué à la pierre, qu'il soulagera les
roues des voitures, mais sans les empêcher de le quitter
à un point désigné, et sans avoir besoin des *switches* et
des plaques tournantes employés dans les chemins de fer
ordinaires. Le mouvement sur ces rails peut s'opérer
presque sans bruit s'il est bien dirigé. On peut augmenter la vitesse et transporter une plus grande charge pro-
portionnelle. La puissance du frein d'arrêt est augmentée
et profite à la sécurité des voyageurs. Tous ces résultats
donnent une économie équivalant à la moitié de la valeur
des chevaux, dans le capital, et une économie non moins
importante dans les frais d'entretien.

Cette économie considérable profitera à la fois au public, aux actionnaires et aux employés. Jusqu'ici aucun
chemin de fer existant n'a donné de dividendes aussi considérables que ceux que l'on peut obtenir de ces nouvelles lignes si judicieusement construites. La raison
plausible, c'est que ces chemins sont promptement établis sans éprouver les difficultés et les dépenses inhé-
rentes à l'établissement des vrais chemins de fer. Peu à
peu les anciennes voitures seront remplacées par les
nouvelles, et peut-être, autre considération, le cheval
sera-t-il remplacé à son tour par une machine à vapeur
ou quelque autre puissance motrice? Mais il y a plus
encore ! Aux Etats-Unis, les chemins de fer à traction
de cheval sont simplement le commencement de grandes communications destinées à pourvoir aux besoins
des localités que la plupart des chemins de fer ordinaires
ne favorisent pas. Pour bien desservir ces lignes, il faut
s'arrêter et prendre des voyageurs à des intervalles fréquents, et on n'a pas besoin de *trains*, mais seulement
de simples voitures répondant aux besoins des localités,
comme les diligences d'autrefois étaient destinées à les

satisfaire ; mais aujourd'hui avec des ressources doubles et mêmes triples, au point de vue de la force de traction et de l'augmentation de matériel, si on adopte la forme de rail convenable, il aura simplement l'effet d'un bandage en fer incrusté dans la pierre, aussi uni que les bandages en cuivre qui entourent nos nécessaires de bureau portatifs. Le comité du pavage d'une paroisse a aussi bien le droit de poser une bande de fer, que du bois ou du pavé, sauf à payer des dommages-intérêts si le mode de pavage cause quelque accident aux voyageurs. Un tramway dans Parliament-Street ne causera pas plus de dégâts que la voie ferrée qui existe déjà sur le pont de Westminster.

Les voitures ne font aucun bruit et sont exemptes de toute vibration, ce qui permet de mettre en circulation des voitures moins lourdes qu'autrefois, puisqu'elles n'ont plus besoin d'être aussi solides.

Ces voitures, en outre, doivent pouvoir rouler, en cas d'urgence et de nécessité, sur des routes ordinaires, et quitter les rails ou les reprendre à volonté.

On a basé un argument contre ce système, sur la supposition du danger que courrait le public par l'établissement des voies ferrées dans les rues. Cette supposition provient tout simplement du mot *Chemin de fer*, et de la vitesse qu'on s'empresse d'en induire. Mais le danger d'un omnibus de tramway est réellement bien moindre que celui d'un omnibus ordinaire, parce qu'il chemine sur une voie tracée et fixe, et que conséquemment les piétons savent d'avance quelle partie de la rue ils doivent éviter, et aussi parce que les freins appliqués aux omnibus des tramways permettent d'arrêter beaucoup plus promptement.

Quant aux lignes propres à recevoir ces rails, elles existent partout où il y a des omnibus. Les deux grands centres principaux sont la Banque et l'Obélisque. Les autres sont : 1° Les stations de chemins de fer de Paddington à la Banque par deux routes — la Cityroad, Oxford-Street et Holborn ; 2° Richmond et la ligne de chemin jusqu'à Charing Cross ; 3° la ligne de la Banque à Epping-Forest, qui devrait être toujours maintenue comme un large parc pour les habitants de Londres, ou comme un terrain destiné à servir de tirs ; 4° la ligne par tous les ponts jusqu'aux montées de Surrey, destinée à devenir dans l'avenir le Londres du sud, et donner par suite la chance que les bas terrains marécageux couverts d'habitations malsaines, soient convertis en jardins d'agrément.

On peut dire hardiment qu'il y a un millier de milles (1,600 kilom.), de rails à poser dans Londres et ses environs. Quel serait le meilleur moyen d'arriver à cet heureux résultat ? Les commissaires des paroisses ne voudront pas y engager de capitaux ; mais ce serait une excellente spéculation pour une compagnie, que de fournir les rails, de les poser et de les entretenir, et de laisser aux paroisses une taxe sur les omnibus, taxe qui les dispenserait de celle du pavage. Ou, si on ne pouvait pas légalement prélever un droit, on ferait un marché équivalent en transférant le prix de la taxe de pavage aux propriétaires des rails. Avec un peu de bon vouloir, l'exécution suivra.

Signé : W. Bridges Adams.

TRAMWAYS DE NEW-YORK ET DE BROOKLYN

Etat des produits, des frais d'établissement et d'entretien des cinq lignes de chemins de fer (tramways), de New-York et de Brooklyn. Nombre des voyageurs transportés sur chacun d'eux ; nombre des accidents arrivés, et chiffre des dividendes payés dans le cours de l'année fiscale finissant le 1er octobre 1858.

LIGNE DE BROOKLYN.

Population, 200,000 habitants.

Longueur exploitée, 21 milles (33 kilomètres), à double voie.

	dollars.	cenis
Capital social.	1,000,000	» »
Dépense totale du chemin, matériel, et sa valeur réelle.	1,038,830	09
Poids d'un rail par yard, 64 livres (32 kilog.), (soit 33 kilogrammes par mètre).		
Nombre de voitures contenant chacune 20 voyageurs, 100.		
Nombre de voyageurs transportés du 1er octobre 1857 au 1er octobre 1858, 7,705,839.		
Nombre de milles parcourus pendant l'année, 1,994,186 (3 millions de kilomètres).		
Poids de chaque voiture, 4,700 livres (2,140 kil.)		
Prix du transport pour les grandes personnes 25 centimes, pour les enfants 15 centimes chacun.		
Recettes brutes pendant l'année.	395,026	70
Montant total des dépenses d'entretien. . . .	288,774	22
Montant du dividende accordé et payé, 8 p. 0/0 sur 1.000,000. 85.	80,000	» »
Montant du fonds de réserve.	18,778	85
Montant total du fonds de réserve au 1er octobre 1858, y compris le dernier article. . . .	57,425	58
Accidents pendant l'année, 5.		

DEUXIÈME LIGNE, NEW-YORK.

Parcours; 8 milles (13 kilomètres), à une seule voie.

	dol'ars.	cents.
Capital social, 627,000 dollars et autorisé à. . .	800,000	» »
Dépense totale du chemin, matériel, sa valeur réelle.	1,005,403	71

Poids du rail par yard, 72 livres (33 kilog.) (36 kilog. environ par mètre).

Nombre de voitures, 80.

Nombre de voyageurs transportés pendant l'année, 4,504,645.

Vitesse par heure, y compris le temps d'arrêt, en moyenne 5 milles (8 kilom.)

Recettes de l'année, du 1er octobre 1857 au 1er octobre 1858.	227,457	70
Dépenses d'entretien.	117,851	96
Dividende déclaré et payé, 6 p. 0/0 sur 627,000 dollars. . . . . , ...	37,620	» »

Aucun accident.

TROISIÈME LIGNE.

La longueur du parcours est de 6 milles 1/2 (10 kilomètres), à double voie.

Capital social entièrement réalisé.	1,170,000	» »
Dépense totale.	1,378,090	74

Poids du rail par yard, 72 livres (33 kilog).

Nombre de voitures, 70.

Nombre de voyageurs transportés dans l'année, 7,945,462.

Distance parcourue dans l'année, sur ce chemin, 1,460,000 milles (2,349,140 kilom.)

Poids, en moyenne, de chaque voiture de voyageurs, 4,000 livres (1820 kilog.)

Prix du voyage pour les grandes personnes, 25 centimes, pour les enfants, 15 centimes.

Vitesse, par heure, y compris le temps d'arrêt, en moyenne, 6 milles (10 kilom.)

Montant total des recettes pendant l'année. .	446,504	13
Montant total des dépenses d'entretien. . . .	242,811	53

dollars.   cents.

Montant du dividende déclaré et payé, 8 p. 0/0
   sur 1,170,000 dollars. . . . . , .   93,600   »»

Paiements faits pour l'achat des terrains. . .   77,309   62

Montant ajouté au fond de réserve.   16,886   93

Accidents pendant l'année, 6.

SIXIÈME LIGNE.

Longueur exploitée, 4 milles (6 kilomètres, 400 mètres), à double voie.

Capital social, entièrement versé.   750,000   »»

Coût total du chemin, matériel et terrains. . .   855,957   23

Poids du rail par yard, 74 livres (34 kilog.)

Nombre de voitures, 70.

Nombre de chevaux et de mules employés, appartenant à la compagnie, 422.

Vitesse, temps d'arrêt compris, 5 milles à l'heure, (8 kilom.)

Nombre de voyageurs transportés pendant l'année, 5,612,357.

Distance parcourue pendant l'année, 950,572 milles (1,521,000 kilom.)

Poids de chaque voiture de voyageurs, en moyenne, 4,000 livres (1,820 kilog.)

Montant total des recettes.   280,617   86

Montant total des dépenses d'entretien. . . .   178,226   24

Dividende déclaré et payé, 10 p. 0/0 sur 750,000
   dollars.   75,000   »»

Dette sociale de la Compagnie, payée et éteinte.   12,844   82

Montant du fonds de réserve de l'année. . .   14,546   80

Aucun accident.

HUITIÈME LIGNE.

La longueur de cette ligne en exploitation est de 5 milles (8 kilomètres), à double voie.

Capital social, entièrement versé.   800,000   »»

Dépenses du chemin, matériel et terrain. . .   756,142   87

Poids du rail par yard, 72 livres (33 kilog.)

Nombre des voitures de voyageurs employées, appartenant à la Compagnie, 61.

dollars. cents

Vitesse, y compris le temps d'arrêt, 5 milles (8 kilom.) à l'heure.

Nombre des voyageurs transportés pendant l'année, 6,768,203.

Distance parcourue, 1,028,442 milles (1,650,000 kilom.)

Prix du voyage pour les grandes personnes, 25 centimes, 15 cen'imes pour les enfants.

	dollars	cents
Total des recettes pendant l'année	338,440	42
Total des dépenses d'entretien	177,753	91
Montant du dividende déclaré et payé 12 0/0 sur 800,000 dollars	96,000	»
Somme portée au fonds de réserve pendant l'année. . . . . , ...	64,550	»

Accidents pendant l'année. . . *un.*

Récapitulation.

Nombre des passagers transportés par le chemin de fer (tramway) de Brooklyn, pendant l'année 1858. . . 7,705,839 »

D°	d°	2e ligne; New-York,	d° . .	4,504,545	»
D°	d°	3e — —	d° . .	7,945,462	»
D°	d°	4e — (détails omis)	d° . .	2,866,000	»
D°	d°	6e — —	d° . .	5,642,357	»
D°	d°	8e — —	d° . .	6,768,303	»

Total du nombre des voyageurs sur les cinq lignes de chemins ferrés, pendant l'année . . 34,602,506 »

Total du nombre des accidents arrivés à des voyageurs sur ces lignes, pendant l'année. . . 12.

Dividendes en 1858.

Compagnie du Tramway de la ville de Brooklin. Dividendes payables par semestre. 8 0/0

2e ligne, tramway dans New-York . . .			6 0/0
3e — — . . .			8 0/0
6e — — . . .			10 0/0
8e — — . . .			12 0/0

Signé Ges. T. M. DAVIS.

Traduction.)

Extrait du journal « The Times. »

Ce célèbre journal, toujours le premier à patronner les innovations utiles, s'exprimait dans les termes suivants, à propos de celle-ci, dans son n° *du 26 février* 1858.

« Il s'agit de savoir si le commerce de la métropole
« doit souffrir plus longtemps d'un état de choses tel,
« qu'il faut plus de temps pour aller de la Banque au Tré-
« sor ou au Parlement, qu'il n'en faut pour venir de
« Reigate ou de Windsor à Londres? Les promoteurs
« des tramways offrent d'exécuter une ligne de Notting-
« Hill-gate à la Banque, passant par Bayswater et the
« New-Road, ce qui dégagerait Cheapside, Nolborn,
« Fleet-Street, etc., des 1592 omnibus chargés de voya-
« geurs qui circulent dans cette partie de Londres, et
« qui encombrent chaque jour ces rues. Le tramway con-
« sisterait simplement en petits rails évidés posés sur
« le chemin, et qui n'occasionneraient pas la moindre
« gêne au commerce ordinaire, car c'est le même sys-
« tème qui fonctionne avec succès depuis deux ans dans
« les principales villes d'Amérique. On affirme que l'on
« pourrait transporter sans augmentation de nombre de
« chevaux, un nombre triple de voyageurs dans des
« véhicules plus commodes et avec une réduction de
« prix très-grande, ce qui réduirait aussi les taxes parois-
« siales, vu que les rues se dégraderaient moins; et l'on
« aurait de plus l'avantage d'une notable diminution de
« bruit. Il est bien entendu que tout essai de ce genre
« sera fait avec les précautions nécessaires, et qu'il n'y
« sera donné aucune suite dans le cas où il se révélerait
« des inconvénients. On empêchera également que des
« individus se fassent donner des indemnités permanentes

« pour une portion d'un grand chemin qui est la pro-
« priété publique. Il est certain que le système de loco-
« motion actuel dans Londres ne peut guère être main-
« tenu plus longtemps. Il est vrai que de toutes les
« modifications proposées aucune n'a encore abouti.
« Les projets de passages souterrains ou tubulaires ont
« été successivement écartés, mais pourtant l'idée que
« l'on doit arriver enfin à réaliser de nouveaux progrès
« se fortifie chaque jour. Si l'on voulait prendre la peine
« de calculer l'argent qui se perd annuellement dans
« notre population par suite de cette monstrueuse ano-
« malie, qui fait que les personnes et les biens sont blo-
« qués chaque jour par cet encombrement permanent au
« milieu des plus pressantes affaires, tandis que les com-
« munications avec l'Amérique, l'Australie ou le conti-
« nent sont accélérées notablement par les nouveaux
« systèmes de locomotion, on trouverait qu'il se perd
« ainsi une somme incomparablement plus forte que
« celle que nous dépensons pour l'entretien de nos
« stations maritimes. Supposez un moyen quelconque
« d'épargner seulement une demi-heure par jour à
« 100,000 âmes de notre population, et estimez leur
« temps à 60 centimes par heure, l'économie annuelle ne
« sera guère moindre de 12,500,000 fr., et encore nous
« ne comptons pas le temps perdu pour l'expédition des
« marchandises. Il est donc évident que l'on perd an-
« nuellement des millions par la négligence que le parle-
« ment et la municipalité mettent à reconnaître la néces-
« sité d'encourager tout projet sérieux, susceptible de
« prévenir ou d'atténuer une perte nationale si gigantes-
« que. On peut soulever comme de raison des objections
« à tout expédient proposé, mais le mal a pris de telles
« proportions qu'il faut absolument y trouver un re-
« mède quelconque. »

(Traduction.)

*État de la situation des chemins de fer de la ville de Boston
et de ses environs.*

Population, 200,000 habitants.

Cambridge railroad, Boston.

Cette voie ferrée va de Boudwin square de la ville de
Boston jusqu'à Harward square dans Cambridge, et de là
jusqu'au Mont-Auburn-Cimitery et à la ligne entre Cambridge et Watertown, où elle se relie au chemin de fer de
Waltham et de Watertown par un embranchement qui
va de Harward square à Cambridge par l'avenue du Nord.
La construction de ce chemin fut commencée le 1er sep-
tembre 1855 et achevée le 26 mars 1856.

C'était le premier chemin de fer établi dans les rues
de la Nouvelle-Angleterre (New-England), et ses fonda-
teurs éprouvèrent de grandes difficultés à obtenir une
souscription contre obligations de la compagnie pour
l'établissement de cette ligne, attendu que cette entreprise était la première expérimentation pratique du système, et qu'on doutait généralement du succès.

La compagnie put avec peine réaliser une souscription
de 43,000 dollars, et l'entrepreneur dut se contenter
d'un à compte en numéraire sur son marché, et reçut le
reste en actions et en obligations.

———

Chemin de fer de Waltham et de Watertown (dit Tramway),
Boston.

Ce chemin de fer a été affermé à la Compagnie de
l'Union des chemins de fer, le 11 avril 1857. (Le bail a
été confirmé par les actionnaires, le 6 juillet 1857), pour

dix ans, moyennant la somme de 1,500 dollars par an, à partir du mois de mai 1857, payables par semestre, les 1ers de juillet et de janvier, avec faculté de renouveler ce bail encore pour cinq ans à l'expiration, et au même prix. L'obligation d'entretenir le chemin en parfait état figurait dans les clauses du bail.

Situation de la Compagnie des Tramways de Boston, pendant l'année finissant le 30 novembre 1858.

	dollars.	cents.
Frais de l'établissement de la ligne, matériel, etc.	476,765	18

Dividende à 10 0/0 par an, laissant un surplus de 6,178 dollars 54 cents.

Nombre de chevaux, en moyenne, pour chaque voiture, 7.

Entretien de chaque voiture par jour, y compris la détérioration, la nourriture des chevaux, les gages des ouvriers et des employés ; la dépréciation, les réparations du chemin, etc., 10 dollars 50 cents.

Distance parcourue par chaque voiture, 12,980 milles (20,768 kilom.) par an, en moyenne.

Nombre des voyageurs transportés par chaque voiture, en moyenne, 50,120 voyageurs par an.

Prix du transport de chaque voyageur, environ 7 dollars 5/8 cents.

Frais par mille parcouru, 29 dollars 66/1000

Vitesse, 8 milles à l'heure (13 kilom.).

La longueur totale des rails sur ce chemin est égale à celle d'une seule voie de 9 milles 1/2 (14 kilom.).

La voie est pavée dans tout le parcours.

(Traduction.)

Compagnie du Chemin de Fer métropolitain de Boston; budget de l'année finissant le 30 novembre 1858.

	doll:rs.	cents.
Établissement de la ligne, matériel, etc. . . .	444,984	41
Surplus total pour paiements de dividendes . .	66,540	71
Dividende de 8 0/0 déclaré pendant l'année. .	32,152	»
Excédant en caisse. . . .	34.388	71

Nombre des chevaux pour chaque voiture par jour, 12.

Prix, en moyenne, de l'entretien de chaque voiture par jour, y compris le cassage et la dépréciation, 13 dollars 76 cents.

Distance parcourue dans une année par chaque voiture en moyenne, 16,965 milles (27,145 kilomètres.)

Nombre des voyageurs transportés par chaque voiture dans une année, en moyenne, 102,844.

Prix du transport de chaque voyageur, environ 4 dollars 7/8 cents.

Frais du mille parcouru, environ 29 dollars 1/2 cents.

Vitesse, 5 milles 1/2 (9 kilom.) à l'heure.

La longueur totale des rails de ce chemin est égale à une seule voie de 12 milles (19 kilom.), il est pavé dans toute sa longueur.

Chemin de fer de Malden et de Melrose Boston.

État pendant huit mois, finissant en novembre 1858.

Dépenses de l'établissement de la ligne, matériel, etc.	242,548	31

Nombre de chevaux, en moyenne, pour chaque voiture, 8.

Frais d'entretien de chaque voiture, par jour, y

compris les réparations, détériorations, raccommodages du chemin, etc., 8 dollars 23 cents.

Distance parcourue par chaque voiture, en huit mois, 4245 milles (6,745 kilom.)

Frais du transport de chaque voyageur, 4 dollars 83/100 cents.

Coût du mille parcouru, 47 cents.

Vitesse, 6 milles à l'heure (9 kilom. 1/2).

La longueur totale des rails sur ce chemin est égale à celle d'une seule voie de 42 milles. Il est pavé dans toute sa longueur.

Ces statistiques démontrent suffisamment l'importance croissante que prennent en Amérique les chemins de fer à traction de cheval dans les rues. Les sommes placées dans ces entreprises, ont rapporté de forts dividendes, qui ont été régulièrement payés. Le capital employé dans les premières entreprises a été absorbé, en partie, par l'achat de droits imaginaires d'omnibus et d'autres dépenses montant en total à presque le triple du prix auquel on peut *actuellement* construire un chemin.

(Traduction.)

Extrait du Easton's *Practical Treatise on Street or horse Power Railways.*

On ne saurait apporter trop de soin à la pose des premiers rails en France, afin de détruire tous les préjugés. Quelques-unes des expériences en Amérique ont été très-dispendieuses. Easton dans son traité sur la matière s'exprime ainsi :

« Le défaut de science et de pratique que l'on a
« montré dans plusieurs de ces entreprises, et les essais
« infructueux d'imitation, sans intelligence, sans plan

« arrêté, ont naturellement causé des torts considérables
« aux chemins, imposé des charges au public, et dé-
« rangé les finances de certaines compagnies.

« D'après une ordonnance du conseil de la ville
« de Philadelphie, tous les rails en fer, posés dans
« les rues, doivent être du même modèle, et la voie
« doit avoir 5 pieds deux pouces entre les roues des
« véhicules. Cet arrangement assure aux rails la pré-
« férence des voitures, wagons, charrettes ordinaires,
« etc., et offre l'avantage de concentrer le parcours avec
« diminution notable du bruit occasionné dans les rues
« par le passage des voitures et des charrettes lourde-
« ment chargées. Il économise une grande dépense an-
« nuelle pour la réparation des rues, et comme il rend
« ainsi service à toutes les classes de la société, les
« anciens préjugés et l'opposition diminuent sensible-
« ment.

« Les améliorations introduites récemment dans la
« construction des chemins ferrés ont fait justice de
« toutes les objections présentées anciennement. Il n'y
« en a pas une qui ne soit démentie par la pratique.
« L'accroissement des affaires, résultat d'une plus
« grande facilité de locomotion, augmente le nombre
« des employés nécessaires et fait ainsi vivre plus de
« monde. L'établissement de chemins de ce genre à
« Paris et à Londres donnerait lieu à des entreprises
« d'une haute importance, elle ferait vivre des milliers
« de commis, de conducteurs, d'artisans, de cochers,
« de *grooms*, etc., et produirait aux gouvernements
« de ces deux pays un immense revenu.

« L'opinion des ingénieurs qui connaissent l'utilité
« pratique des chemins de fer dans les villes, opinion
« que nous enregistrerons ci-après, suffira pour anéantir
« tous les préjugés, fruit de l'ignorance.

« Les avantages des Tramways peuvent être énumérés
« comme il suit :

« 1° Chaque voiture de chemin de fer remplace au
« moins deux omnibus et quatre chevaux, et supprime
« ainsi l'une des principales causes d'encombrement
« dans les rues.

« 2° Les omnibus roulent exclusivement sur les rails,
« et toutes les autres voitures préfèrent spontanément la
« surface polie du fer au pavé inégal. L'usage des voies
« ferrées économise une grande partie des frais d'en-
« tretien des rues, et conséquemment des impositions.

« 3° Les entrepreneurs du gaz, ou les compagnies
« d'eaux ne peuvent éprouver aucune gêne dans leurs
« travaux de réparations, attendu que les rails sont
« posés sur des traverses longitudinales et mobiles qui
« peuvent être déplacées au besoin, et comme les omni-
« bus aussi bien que les charrettes et les autres voitures
« qui prennent les rails, suivent une direction uniforme,
« ce système constitue à lui seul un règlement de police
« qui évite la confusion sans assujettir le public à des
« dépenses.

« 4° Les voitures vont plus vite que les omnibus ordi-
« naires, et le mouvement en est si doux que le voyageur
« peut lire son journal sans difficulté.

« 5° Les rails sont construits de manière à ce qu'il
« n'y ait aucun inconvénient à passer à côté des roues
« des autres voitures, et comme le rail est perfectionné,
« qu'il est plat, même à la surface, qu'il a environ cinq
« pouces de largeur, nulle rainure n'empêche la circula-
« tion générale, et l'évidement intérieur permet à tous
« les véhicules de prendre la voie ferrée.

« 6° La facilité de monter et de descendre à l'avant
« comme à l'arrière de la voiture, et celle d'arrêter pres-
« que instantanément, au moyen d'un nouveau frein bré-

« veté, permet aux voyageurs de monter et de descendre
« sans danger, même quand la voiture est en marche.
« Ceci résulte des documents statistiques qui prouvent
« que sur près de 35 millions de voyageurs qui ont passé
« sur les lignes de New-York et de Brooklyn l'année
« dernière, *douze* personnes seulement ont éprouvé des
« accidents.

« 7° En cas de nécessité, les troupes peuvent être
« transportées d'une partie de la ville à l'autre, à 10
« mille (16 kilomètres) de distance, dans l'espace d'une
« heure.

« 8° Ce mode de locomotion est un bienfait spécial
« pour l'ouvrier, qui souvent en Amérique met de côté
« 30 centimes pour se procurer un billet pour aller ou
« revenir de la ville, lieu de son travail, à sa demeure
« dans les faubourgs. »

(Traduction.)

*Rapport de l'ingénieur en chef de Montréal, au président et
aux membres du comité spécial de la corporation nommée
pour obtenir des renseignements relatifs à la construction et
au fonctionnement des chemins de fer à traction de cheval
dans les rues.*

Montréal, le 13 janvier 1860.

A MESSIEURS LES PRÉSIDENT ET MEMBRES DU COMITÉ SPÉCIAL DE LA
CORPORATION NOMMÉE POUR OBTENIR DES RENSEIGNEMENTS RELATIFS
A L'ÉTABLISSEMENT ET AU FONCTIONNEMENT DES TRAMWAYS DANS LES
RUES.

Messieurs,

Suivant vos instructions, j'ai l'honneur de vous in-
former que j'ai visité les villes de Boston, New-York et
Philadelphie, afin d'examiner les avantages que présentent l'établissement et les opérations des voies ferrées

à traction de cheval, actuellement existantes. A Boston, la première des villes que j'ai visitées, il y a dans l'intérieur de la ville 14 milles 1/2 (13 kilomètres) de parcours; mais la longueur totale des chemins ferrés, à traction de cheval, aboutissant dans cette ville, est de 56 milles 1/4 (90 kilomètres). La voie a 4 pieds 8 pouces 1/2 de largeur (1 mètre 40). La rampe la plus escarpée 5 pieds 8 pouces de pente sur 100 pieds (1 mètre 72 sur 30 mètres 40); la courbe la plus prononcée a 33 pieds de rayon (10 mètres). Les voitures ont généralement 16 pieds de long (4 mètres 80) ou 22 pieds (6 mètres 70), d'un bout à l'autre des plateformes, 7 pieds (2 mètres 10) de large et 12 pieds (3 mètres 70) de hauteur totale depuis le rail jusqu'au sommet de la voiture. Il y a des siéges pour 22 voyageurs ; mais cette voiture peut en porter 60 ; elle est traînée par deux chevaux. Il y a aussi des voitures à un cheval, mais leur emploi est moins satisfaisant que celui des voitures à deux chevaux, et, (quoiqu'elles n'exigent qu'un homme pour conduire, attendu qu'il est en même temps cocher et conducteur), elles ne donnent pas à la compagnie autant de bénéfices que les autres. Ces voitures sont sur un pivot mobile, de de sorte qu'il n'est pas nécessaire de dételer les chevaux au terme de chaque voyage.

Voici la largeur de quelques-unes des rues de Boston, dans lesquelles on a posé des rails :

Boylston Street, 24 pieds entre bordures (7 mètres 30), elle a une seule voie au centre de la rue.

Cambridge Street, 20 pieds (6 mètres) entre bordures. Une seule voie est posée, elle est a une distance de 4 à 8 pieds des bordures dans quelques endroits au haut de la rue, et dans d'autres endroits elle est au centre de la rue.

Tremont Street, 33 pieds (10 mètres) entre bordures,

elle a une double voie sur le côté de laquelle il y a environ 3 pieds de bordure.

« J'ai vu une voiture à un cheval, remplie de voya-
« geurs qui, dans Cambridge Street, gravissait à un bon
« trot une rampe de 50 millimètres par mètre.

« Six chevaux par jour sont nécessaires pour chaque
« voiture à deux chevaux, chaque paire de chevaux fait
« 18 milles (29 kilomètres) et chaque voiture, 54 milles
« (89 kilomètres) par jour. La voiture à deux chevaux
« exige un cocher et un conducteur, qui gagnent 1 dollar
« 1/2 et 2 dollars (7 fr. 50 et 10 fr.), par jour.

« On doit poser des rails, cette année, dans beaucoup
« de rues, entr'autres dans Cornhill, rue très-animée et
« commerçante. Elle est très-escarpée, et sa largeur
« entre bordure n'est que de 23 pieds (7 mètres).

« Le prix par voyageur sur toutes les lignes est de
« 25 centimes; pour prendre la correspondance avec
« une autre ligne, il est de 30 centimes. Dans ce cas les
« deux compagnies se partagent le prix.

« D'après ce que j'ai pu savoir, la masse du public qui,
« au commencement de l'exécution de ces voies ferrées,
« il y a trois ans, leur était tout à fait opposée, est bien
« revenue de ses préjugés.

« On emploie plusieurs sortes de formes de rails dont
« je joins ici un dessin, mais aucun de ceux que j'ai vus
« ne vaut, suivant moi, le n° 1, marqué sur le dessin ou
« le plan de Philadelphie. Les nouvelles voies que l'on
« doit établir ici, le seront sur ce plan, et aussitôt que
« les anciens rails seront usés on les remplacera par ceux
« du nouveau système. On a fait quelques expériences
« sur des rails en fonte, mais ces rails n'ont réussi que
« dans les courbes.

« Les compagnies entretiennent dans les rues où elles
« passent une bande de terrain, large de 4 pieds 6 pouces

« (1 mètre 35), de chaque côté du centre de la voie,
« mais la voie est posée sans égard pour les lignes d'eau,
« de gaz ou d'égouts.

« New-York (la seconde ville que j'ai visitée), a com-
« mencé à construire des voies en 1852, elle a mainte-
« nant 30 milles (48 kilomètres), à une seule voie dans
« la ville, mais comme les lignes sont à peu près les
« mêmes qu'à Boston, je ne citerai que la principale,
« c'est-à-dire la 3e ligne. Elle a 8 milles (13 kilomètres)
« de long sur 4 pieds 8 pouces 1/2 (1 m. 42) de large.
« La concession est à perpétuité. La compagnie a 800
« chevaux et 90 voitures, elle emploie une voiture par
« minute pendant quelques heures de la journée, et par
« une minute et demie ou deux minutes durant le reste
« du jour. La nuit il y a une voiture toutes les 20 mi-
« nutes. Le prix du voyage est de 25 centimes ou de
« 30 centimes jusqu'à Haarlem ; il faut 8 chevaux par
« jour ; chaque paire de chevaux fait un voyage. La voie
« est partie pavée et partie macadamisée. La compagnie
« entretient une largeur de 2 pieds (0, 60 centimètres)
« de chaque côté des rails. On a essayé sur ce chemin le
« pavage à la fonte, mais il n'a pas réussi, les chevaux
« glissant trop sur la fonte, à moins d'y mettre beaucoup
« de sable. On a l'intention, en été, d'établir une ligne
« à double voie dans Broadway.

« A Philadelphie, où l'établissement de ces chemins de
« fer a été beaucoup plus considérable que dans les
« autres cités, je dois de grandes obligations à
« MM. Trautiome, Morris, Palles, Kneas et autres ingé-
« nieurs éminents, pour les renseignements précieux
« qu'ils m'ont donnés, non-seulement sur les chemins
« de fer établis dans les rues, mais sur différents sujets ;
« c'est à M. Palles et à M. Kneas surtout, qui ont été
« les ingénieurs de la plupart de ces chemins, que je

« dois mes dessins, mes notes et mes évaluations. »

« Depuis 1856, on a posé dans Philadelphie 90 milles
« (145 kilomètres) de voies à traction de cheval ; leur
« largeur ordinaire est de 5 pieds 2 pouces (1 m. 57 c.).
« C'est l'Etat qui a donné les concessions, mais elles
« sont assujetties à la sanction de la ville. Celle-ci n'est
« pas propriétaire des terrains compris entre les bordu-
« res des rues, ils appartiennent à l'Etat.

« La largeur de Chesnut et Walnut Streets, princi-
« pales rues commerçantes, est de 26 pieds (7 m. 90)
« entre bordures ; les lignes établies dans ces rues n'ont
« qu'une seule voie. Les voitures parcourent en entier
« Chesnut Street, et ces deux rues sont parallèles dans
« une longueur de 608 pieds (185 mètres) et la longueur
« de la ligne qui les parcourt est de 5 milles (8 kilo-
« mètres).

« Dans Market Street, qui a 60 pieds (18 mètres) entre
« bordures, il y a quatre voies. La rampe la plus escar-
« pée dans l'intérieur de la ville est de 0,05 centim. par
« mètre ; il y en a une aussi forte sur un embranche-
« ment du chemin de fer de Philadelphie. Sur cette
« rampe il faut des chevaux de renfort. Anciennement
« les courbes avaient au moins 60 pieds (18 mètres) de
« rayon, aujourd'hui avec les rails perfectionnés,
« 33 pieds (10 mètres) sont jugés tout à faits suffi-
» sants.

« Toutes les voitures ici sont traînées par deux che-
« vaux. Je joins un dessin pareil à celles que l'on em-
« ploie dans Chesnut et Walnut Streets, et sur d'autres
« lignes. Tous les chemins (à l'exception de deux qui
« ont été remis entre les mains du shériff par suite
« d'une mauvaise administration), paraissent faire de
« bonnes affaires. Le chemin de Green et Coate Streets,
« a transporté le 26 décembre dernier, 15,000 voya-

« geurs; le même jour le West Philadelphia Road, qui a
« 10 milles 1/2 (17 kilomètres) de long, en a transporté
« un nombre égal ; mais ce jour là étant un jour de fête,
« il y avait plus de voyageurs qu'à l'ordinaire.

« Je joins une table du nombre de milles de voies, de
« chevaux et de voitures, etc., appartenant aux diffé-
« rentes compagnies, d'après les renseignements que
« j'ai pu me procurer. J'ai visité aussi la plupart des
« magasins, écuries, etc. Dans plusieurs il y avait 400
« chevaux environ. Je crois que presque tous les modè-
« les de rails ont été expérimentés à Philadelphie. Le
« rail evidé, tel qu'il est employé à New-York, marqué
« n° 2 sur le plan, a été abandonné, et tous les ingé-
« nieurs que j'ai rencontrés s'accordent à dire que le
« rail marqué n° 4, sur le dessin, est le meilleur de tous.
« Je recommanderais cependant qu'il n'y eût pas plus
« de 3/4 de pouce (0,018 millimètres) de relief, je suis
« certain que cela suffira, et que l'accès de la voie en
« deviendra beaucoup facile pour les voitures qui seront
« amenées inévitablement à préférer la voie ferrée au
« chemin ordinaire des voitures. Ce rail a 5 pouces
« (0,13 centimètres) de large ; sa large plate-bande per-
« met aux charrettes, camions, etc., de circuler dessus ;
« et en concentrant le parcours il diminue le bruit de la
« rue causé par les voitures lourdement chargées, les-
« quelles en suivant la voie ferrée soulagent beaucoup
« leurs chevaux.

« Vous rémarquerez par les dessins que je joins ici,
« que la plupart des chemins à Boston, New-York,
« Philadelphie, sont construits sur un plan bien plus
« dispendieux ; j'ai proposé à M. Palles un plan que j'ai
« essayé il y a quelques années sur un chemin de fer à
« locomotive, et comme on l'a jugé favorablement, j'ai
« proposé de l'essayer cette année sur quelques-unes

5

« des lignes que cet ingénieur est sur le point de cons-
« truire à Philadelpie. Par mon procédé la voie est bien
« plus économiquement établie, et de plus, entretenue
« plus facilement en bon état. Il est marqué n° 1 A sur
« le dessin.

« Quant aux avantages des voies ferrées dans les
« rues, je pense que c'est une chose jugée pour vous et
« par toutes personnes qui veulent entreprendre de ces
« travaux ; cependant, comme j'ai vu Chesnut et Walnut
« Streets à Philadelphie, en 1858, avant qu'on y eût éta-
« bli des rails, et que je les ai revues le mois dernier avec
« les voies ferrées en pleine activité, je pense que je puis
« donner mon avis sur les prétendus inconvénients de
« ces chemins pour le commerce ou la circulation. Les
« rues que je viens de nommer, quoiqu'elles soient
« les principales d'une ville de 600,000 habitants, n'ont
« que 26 pieds (7 mètres 90) de largeur entre bordures,
« environ 3 ou 4 pieds (0,90 centim. à 1 m. 20) de lar-
« geur de plus que notre rue Notre-Dame, dans sa par-
« tie la plus étroite.

« En 1858, durant certaines heures du jour, il était
« dangereux de traverser Chesnut-Street, à cause du
« grand nombre de voitures et d'omnibus ; maintenant,
« à n'importe quelle heure, on peut la traverser en toute
« sécurité, et le bruit de la rue est fort diminué.

« A Philadelphie, depuis que les voies ferrées des rues
« sont en pleine activité, la valeur des propriétés des
« faubourgs s'est augmentée de 30 à 50 0/0, tandis que
« celle des propriétés du centre des affaires de la ville,
« n'a subi aucun changement. La valeur des chevaux et
« celle de leur subsistance, loin de s'amoindrir, a subi
« un accroissement.

« Quant à l'entretien des voitures en hiver, je dirai
« seulement qu'à Boston, lorsque la *Corporation* juge

« que la neige est trop épaisse, elle force les compagnies
« à établir des « sleighs » (traîneaux). A New-York et à
« Philadelphie la compagnie se sert de la charrue à
« neige, (snow-plough) et d'un « salter, » pour dé-
« blayer et nettoyer leurs voies. Je dois mentionner que
« tandis que j'examinais les perfectionnements de la lo-
« comotion à Philadelphie, M. Dodsworth et moi, nous
« vîmes une nouvelle voiture que l'on était sur le point
« d'instaler, munie d'une machine pour parcourir les
« rues ferrées, sans bruit (la machine ne produisait pas
« de fumée.) La voiture était construite par Mrs Kimball
« et Gorton, et la machine par Mrs M. W. Baldwin et Ce,
« elle devait être finie vers le 1er février, et devait contenir
« 40 voyageurs. On doit construire à New-York, pour
« une compagnie de chemin de fer des rues, une ma-
« chine calorique; mais je n'ai pas eu le temps de l'exa-
« miner.

« Pendant mon séjour, quelques ingénieurs propo-
« saient un plan nouveau dans la pose des rails: ils vou-
« laient le renverser, et la saillie devait être à l'intérieur.
« L'avantage qu'on en retirerait serait l'écoulement im-
« médiat des eaux; si ce plan était adopté, il y aurait
« plus de frottement, plus d'usure, de détérioration, et
« plus de danger d'accidents. Je serai heureux de vous
« fournir tous les renseignements que vous pouvez dési-
« rer, dès que vous le voudrez.

J'ai l'honneur d'être,

Messieurs,

Votre très-obéissant serviteur,

Signé : P. MAQUISTEN,

Ingénieur civil à Montréal.

Pour copie conforme de mon rapport du 13 janvier 1860,

Signé : P. MAQUISTEN.

(Traduction.)

Extrait du Birkenhead Advertiser, *numéro du 14 avril* 1860.

Chemin de fer à traction de cheval. Birkenhead.

« L'assemblée des commissaires a été ajournée à mardi
« prochain, ce sujet important y doit-être discuté, et
« nous espérons qu'alors on procédera à tous les arran-
« gements qui, suivant notre conviction, profiteront à la
« population de cette ville, et augmenteront la valeur
« des propriétés. Lorsque ce projet fut présenté, une
« telle nouveauté étonna tout le monde, et quoique bien
« convaincus de ses avantages, nous ne nous étions pas
« assez occupés des détails pour en bien comprendre
« les principes.

« Depuis la publication de la brochure de M. Train,
« nous avons eu communication de quelques renseigne-
« ments précieux, émanant d'une personne tout à fait
« compétente, renseignements que nous allons citer
« textuellement. Nous dirons seulement d'abord que s'il
« faut juger de l'avenir par le passé, on peut, suivant
« l'opinion de Mʳˢ Braithwaite Pooles, faire participer
« notre ville aux bienfaits de cette innovation. Nous ne
« pouvons douter que les commissaires n'embrassent
« l'occasion offerte par M. Train, de faire cette expé-
« rience pratique, qui recevra son complément par la
« construction d'un pont sur la Mersey. Nous appelons
« encore l'attention de nos lecteurs sur la correspon-
« dance suivante :

Devonshire Street, Claughton, le 4 avril 1860.

Mon cher Monsieur,

« J'ai appris que vous étiez revenu récemment d'un
« voyage aux États-Unis et au Canada, et que vous aviez

« consacré beaucoup de temps aux affaires de chemins
« de fer en Europe. En conséquence, je vous demande
« votre opinion sur un objet important : nous songeons à
« autoriser M. Train à établir une ligne de chemin de fer
« à traction de cheval, de Woodside Ferry à Claughton
« et Oxton, et nous craignons qu'il ne rencontre quel-
« que obstacle dans l'exécution de cette entreprise dont
« nous souhaitons vivement la réussite.

« Je serai donc bien aise d'avoir un résumé de vos
« idées sur l'état de ce système en Amérique, et sur la
« possibilité de l'établir ici. Connaissant votre désir de
« soutenir les intérêts de notre pays, je ne redoute pas
« de vous importuner par de telles questions.

Je suis, mon cher Monsieur, etc.,

Signé : H. WHITTLE.

A M. Braithwaite Poole,

Liverpool, le 7 avril 1860.

Mon cher Monsieur,

« En réponse à votre note du 4 courant, je puis vous
« confirmer entièrement ce que vous a dit M. G.-F.
« Train, touchant les voies ferrées dans les rues de
« New-York et de Philadelphie, Boston, Chicago, Saint-
« Louis, Cincinnati, etc., attendu que j'ai vu et examiné
« avec soin chacune de ces lignes.

« Le système est admirable, et son application est un
« grand bienfait pour la société. Il peut être adopté faci-
« lement et avec toute sécurité dans toutes les villes
« *d'Angleterre ou de l'Europe.*

« Il y a quelques mois, on m'a dit à Philadelphie que
« cent milles (161 kilomètres) de voies fonctionnaient
« dans les rues de cette ville, 50 milles (80 kilomètres)

« à Boston, et 45 milles (72 kilomètres) à New-York, y
« compris celles de Brooklyn, le Birkenhead de New-
« York.

« Les rails sont évidés, et placés sur des traverses
« longitudinales, au niveau du pavé des rues, de sorte
« que loin d'être un empêchement, ils offrent la plus
« grande facilité au trafic de toute nature. La voie a gé-
« néralement 4 pieds 8 pouces 1/2 (1 mètre 42), mais
« elle atteint 5 pieds 6 pouces (1 mètre 67) dans quel-
« ques villes.

« Mais au lieu de chevaux, on emploie souvent des
« machines à vapeur, pour traîner les voitures de voya-
« geurs et les marchandises, dans les rues des villes des
« États-Unis et au Canada, et cela sans aucun danger.
« Par exemple : Dans Market Street à Philadelphie (que
« l'on peut comparer à Holborn, ou à Oxford Street, à
« Londres, ou à la quatrième ligne à New-York, ou
« encore à celle de l'Esplanade à Toronto), qui traverse
« la ville dans sa plus grande longueur, des locomotives
« à vapeur remorquent les trains sur la voie, à travers
« les rues, en angles droits ou autrement, et les voya-
« geurs sont en parfaite sûreté et confortablement ins-
« tallés.

« La vitesse sur les lignes à traction de cheval n'est
« que de 5 à 6 milles à l'heure (le temps d'arrêter com-
« pris), mais elle peut être accélérée quand on le veut,
« excepté pourtant en gravissant des rampes escarpées.

« Au pied de ces rampes, on ajoute un cheval de ren-
« fort à chaque voiture sans l'arrêter ; les freins ont
« assez de force pour régler la descente.

« Les voitures sont très-belles et supérieures à toutes
« celles de ce genre que l'on voit en Europe ; le prix de
« transport n'est que de 25 centimes.

« A l'égard du district que vous nommez, de Wood-

« side Ferry à Oxton et à Claughton, il n'existe aucune
« difficulté, mais il y a, au contraire, toute la facilité pos-
«« sible pour la construction d'un chemin de fer à trac-
« tion de cheval; les rues y sont belles, larges, bien
« pavées ; la population qui s'accroît rapidement le
« désire.

« Quant à la partie financière, je présume que vous
« avez des renseignements suffisants.

« Pour vous résumer mon opinion en quelques mots,
« je dirai simplement ceci : Si Liverpool et Birkenhead
« étaient situés en Amérique, au lieu d'être en Anglè-
« terre, dans un mois, à partir de ce jour, on aurait
« établi des chemins de fer à traction de cheval, avec
« de belles voitures, circulant toutes les cinq minutes
« pendant la journée. Sans changer de voiture, on tra-
« verserait la Mersey entre West Derby et Cloughton,
« le Old Swan et Oxton. »

Je suis etc.,

Signé : BRAITHWAITE POVLE.

A M. Henry Whittle.

(Traduction.)

Extrait du Times, *numéro du* 10 *février* 1860.

« M. G.-F. Train, de New-York, a proposé un sys-
« tème de chemin de fer à traction de cheval pour
« Liverpool, sur le modèle américain. Le temps semble
« approcher où on jouira dans toutes villes de l'Europe,
« de toutes ces facilités de locomotion, et ce système
« pourra être favorisé par une invention récente d'un
« M. Curtis, qui permet aux voitures de prendre ou de
« quitter la voie des rails, à volonté. Il y a cinq lignes
« de voies ferrées dans New-York, en exploitation, sur

« une longueur totale de 44 milles (71 kilomètres), qui
« ont été établies pour une somme totale de 1,000,000
« livres sterlings (25,000,000 de francs) ; elles donnent
« un dividende de 6 à 12 p. 0/0 ; elles ont transporté
« 34,000,000 de voyageurs pendant l'année 1858.
« A Boston et à Philadelphie, on a adopté ce système de
« locomotion, et le public affairé de toutes ces grandes
« cités, verrait, dit-on, le retour à l'ancien système de
« communication avec autant de surprise que le retour
« rétrograde du gaz à l'huile.

(Traduction.)

Extrait du journal « The Engineer. »

Londres, le 17 avril 1860.

« La ville de Birkenhead paraît devoir être la pre-
« mière du royaume à adopter ce que l'on peut consi-
« dérer comme un des plus importants progrès de notre
« siècle. Un Américain entreprenant, M. G.-F Train, de
« New-York, cherche depuis quelque temps à exciter
« l'attention des diverses autorités publiques de ce pays,
« sur les avantages qu'offre le système des voies ferrées
« dans les rues, qui sont aujourd'hui généralement adop-
« tées aux Etats-Unis avec un si grand succès. Saisissant
« l'occasion que lui offrait l'action intentée par M. Mer-
« sey Dock Board, à Liverpol, pour imposer aux omni-
« bus la prohibition du droit de passage sur leur ligne de
« rail le long des Docks, M. Train s'est présenté, et a
« offert de payer un droit si on voulait lui permettre
« d'établir une ligne d'omnibus sur un chemin ferré
« selon le mode américain, plan bien différent pourtant
« du système établi à Paris, appelé improprement *Che-*

« min *de fer américain*, et que l'on cite si souvent pour
« décrier le système des lignes ferrées des rues. La pro-
« position de M. Train a été écoutée. Il ne s'agit plus
« pour lui que de rencontrer quelques comités animés
« de l'esprit du progrès. Tel a été celui des *Commissio-*
« *ners* de Birkenhead; M. Train ayant offert de poser
« des lignes ferrées dans les rues à ses propres frais, et
« de les exploiter au moyen de voitures traînées par des
« chevaux, le comité de Birkenhead a soumis cette offre
« à son ingénieur M. Edouard Mills, qui a fait un rapport
« très-favorable. Il y a eu mardi dernier huit jours, à
« une assemblée du comité qui s'était ajourné, le rap-
« port de M. Mills a été lu et adopté, et un autre comité
« a été nommé pour conclure tous les arrangements
« avec M, Train. Il y a eu, il est vrai, quelques observa-
« tions de la part de personnes résidant dans certaines
« des rues par lesquelles on proposait de diriger les nou-
« velles lignes de communication ; aussi adoptera-t-on
« probablement d'autres routes, et les personnes qui
« ont élevé des objections seront sans doute les pre-
« mières à le regretter. Quant aux immenses avantages
« que l'on est en droit d'espérer de la mise en circulation
« d'omnibus sur rails, ils ne sont pas douteux, et l'expé-
« rience qui en a été faite en Amérique sur une très-
« grande échelle, jointe aux minutieuses investigations
« auxquelles on s'est livré ici, ont démontré d'une ma-
« nière concluante combien toutes les appréhensions de
« danger et d'incommodité sont mal fondées. Nous avons
« si souvent parlé de toutes ces questions dans nos co-
« lonnes, qu'il semble oiseux de revenir sur nos pre-
« mières conclusions. On ne peut nier, cependant, que
« la force de traction d'un cheval soit plus que doublée
« sur rail, et en raison de ce fait un certain nombre de
« voyageurs peuvent être transportés à la vitesse de 8 ou

« 9 milles (13 ou 14 kilom. 1/2) à l'heure, sur des rails,
« et cela avec moins de moitié du nombre de véhicules
« nécessaires sur le pavé, et conséquemment avec une
« réduction de moitié au moins des frais de matériel, de
« réparations et de danger. Comme les roues des omni-
« bus de Tramways sont placées dessous au lieu d'être
« sur les côtés, les voitures occupent moins d'espace
« que les omnibus ordinaires, ce qui est une considéra-
« tion de bien grande importance pour les rues étroites.
« Les voitures des voies ferrées se gouvernent aisément
« même dans leur plus grande vitesse, et sont moins
« sujettes aux collisions avec les voitures ordinai-
« res que les anciens omnibus. M. Mills recommande
« qu'on n'établisse qu'une seule voie dans les rues de
« Birkenhead, et que cette voie soit établie au centre de
« la rue. Les voitures pourront alors dépasser sans gêne
« celles qui stationnent devant les portes ou les bouti-
« ques. Le modèle de rail qui doit être adopté est fait
« de façon à ce qu'il ne présente aucun inconvénient
« pour la circulation ordinaire ; mais au contraire il la
« facilitera, attendu que toutes les voitures auront la
« liberté de suivre ou de quitter la voie ferrée si leurs
« conducteurs le jugent à propos ; de sorte qu'elles
« pourront toujours s'écarter pour laisser passer les om-
« nibus qui sont construits spécialement pour parcourir
« ces voies.

(Traduction.)

Boston, 7 octobre 1860.

A Monsieur William J. Valentine, a Paris.

« Mon cher Monsieur,

« Je vous envoie ci-joint les modèles de voitures
« d'Eaton Gilbert et Cᵉ. Cet atelier, situé à Troy (État de
« New-York), travaille énormément en ce moment à la
« confection de voitures de toutes sortes. Ces voitures ont
« été généralement adoptées pour les chemins de ces
« villes et autres, et autant que j'ai pu l'apprendre, on
« en est on ne peut plus satisfait.
« Voici quelques remarques sur le dessin d'Eaton
« Gilbert, ci-joint :
« Bien que ces voitures soient les dernières parues,
« elles sont très-recherchées dans toutes les grandes
« villes, parce qu'elles offrent le confort joint à la com-
« modité. Comme les caisses sont très-basses, on peut y
« entrer et en sortir beaucoup plus aisément que dans
« les diligences ou les omnibus. Elles vont bien plus ra-
« pidement et font beaucoup moins de bruit; elles sont
« aussi plus spacieuses. Le dessin représente une voiture
« de la meilleure forme; elles sont finies en divers styles,
« et l'effet en est aussi élégant qu'on peut le désirer pour
« des voitures de ce genre.
« Les portières sont à rainures, elles glissent de gau-
« che à droite; des lampes de nuit sont placées au haut
« de la dernière fenêtre de gauche. Les vitres sont de
« couleur. On a perfectionné les siéges; ils sont suppor-
« tés de distance en distance par des bâtons droits, ce
« qui donne aux voyageurs plus d'espaces pour leurs
« pieds. Les chemins de la métropole et la plupart de

« ceux de Boston emploient des voitures à chevaux,
« elles ont quinze pieds (4 mètres 60 centimètres) et plus
« de longueur, et contiennent environ vingt-cinq per-
« sonnes très-commodément, puisque par la largeur on
« en ferait aisément tenir le double. Chaque voiture a
« un cocher et un conducteur.

« J'espère que ce dessin vous donnera une idée à peu
« près exacte. Toutes les voitures ont actuellement des
« ventilateurs placés au sommet; quelquefois il y en a
« un au milieu, et généralement un à chaque extrémité. »

« En fait de rails, le système préféré aujourd'hui est
« celui des rails plats (flat rails). J'ai esquissé le dessin
« d'un de ses rails sous ceux des voitures. Il est tout à
« fait plat, avec une rainure à l'intérieur où s'engage le
« bourrelet de la roue. Il est meilleur marché et vaut bien
« mieux que l'ancien. Le blocage en pierre établi sur le
« fond doit être solide et régulier. Ces rails sont fabri-
« qués à South Boston ; ils ont de vingt-un à vingt-quatre
« pieds (6 mètres 40 à 7 mètres 30 centimètres) de lon-
« gueur, et sont reliés aux traverses par des boulons ; le
« dessous du rail est muni d'un rebord qui empêche le
« rail de se déplacer.

« Les joints des rails sont soutenus par des plaques, et
« le tout est relié aux travaux par des chevilles (Voyez
« le dessin n° 2). De chaque côté des voies, il y a des
« bordures de granit. La voie a quatre pieds cinq pouces
« (1 mètre 35 centimètres) de largeur.

« On a adopté ce rail plat après une longue expé-
« rience, et c'est décidément le meilleur. Il est très-
« simple dans sa forme, très-roulant et n'occasionne de
« gêne à aucune voiture. On peut certainement le con-
« fectionner et le poser à aussi bon marché que tous
« autres, et je doute qu'on puisse en faire de meilleur.
« Il est en fer but. On avait essayé sur quelques chemins

« de cette ville le rail en fonte, mais on l'a promptement
« abandonné comme impraticable.

« Tels sont les faits principaux que j'ai pu recueillir
« sur ce sujet, et s'ils peuvent vous être de quelque uti-
« lité, j'en serai très-heureux. Les chemins de cette ville
« font de très-bonnes affaires, et on les considère comme
« un bon placement de fonds. On a établi ici deux nou-
« velles voies depuis que vous êtes parti, en mars der-
« nier.

« Je suis, mon cher Monsieur, votre dévoué serviteur,

« *Signé :* W. CLEVELAND BRIGHAM. »

Paris. — Imprimerie L. TINTERLIN et C°, rue Neuve des-Bons-Enfants, 3.

MODÈLE DES VOITURES A BOSTON.

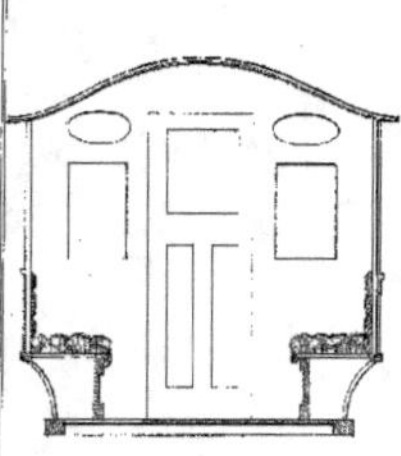

Plan de l'intérieur de la Voiture.

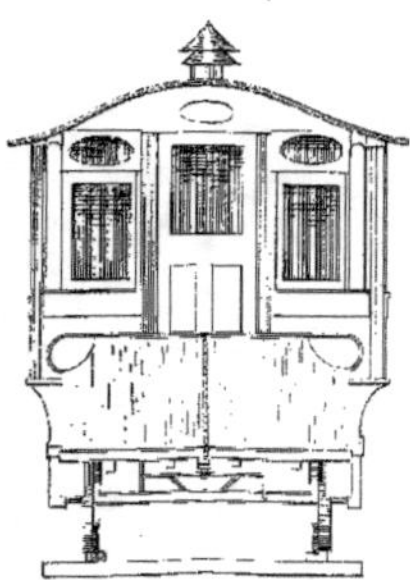

Plan de derrière.

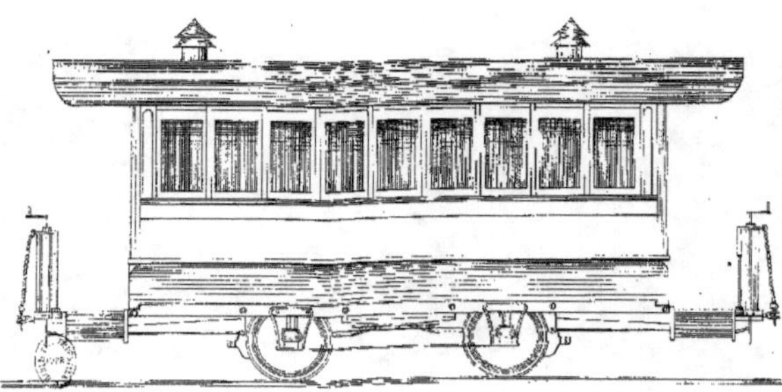

Plan d'Élévation.

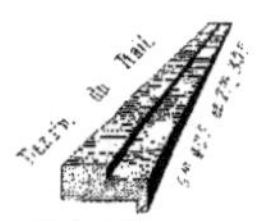

Roue.

Traverses.